Brigitte Duval-Moatti
Karen Thompson

Englisch in Bewegung

Den Alltagswortschatz spielend lernen

Materialpaket mit drei Handpuppen,
Audio-CD und Poster

Inhaltsverzeichnis

Vorwort	3
Unit 1	4
Unit 2	14
Unit 3	24
Unit 4	34
Unit 5	44
Unit 6	54
Zusätzliche Kopiervorlagen	62

Gedruckt auf umweltbewusst gefertigtem, chlorfrei gebleichtem
und alterungsbeständigem Papier.
1. Auflage 2010
Édition originale: Mini Jumper Anglais CE 1 © Editions Belin 2007
Nach den seit 2006 amtlich gültigen Regelungen der Rechtschreibung
© by Brigg Pädagogik Verlag GmbH, Augsburg
Alle Rechte vorbehalten.
Das Werk und seine Teile sind urheberrechtlich geschützt.
Jede Nutzung in anderen als den gesetzlich zugelassenen Fällen bedarf der vorherigen schriftlichen Einwilligung des Verlages. Hinweis zu §52a UrhG: Weder das Werk noch seine Teile dürfen ohne eine solche Einwilligung eingescannt und in ein Netzwerk eingestellt werden. Dies gilt auch für Intranets von Schulen und sonstigen Bildungseinrichtungen.
Illustrationen: Bernard Ciccolini
Musik: John Dawkins
Übersetzung aus dem Französischen: Franziska Büchler

ISBN 978-3-87101-652-3   www.brigg-paedagogik.de

Vorwort

Das Medienpaket *Englisch in Bewegung* richtet sich an Schüler der 1. und 2. Grundschulklasse. Viele der Übungen sind auch für den Vorschulbereich geeignet. *Englisch in Bewegung* umfasst ein Buch mit Kopiervorlagen, eine Audio-CD, ein Poster und Bastelvorlagen für drei Puppen zum Ausschneiden.

Units und *Lessons*

- *Englisch in Bewegung* ist in sechs *Units* mit unterschiedlichen Themen unterteilt.
- Ein *Unit* besteht aus fünf *Lessons*. Die fünfte dient jeweils der Wiederholung.
- Eine *Lesson* nimmt eine Doppelseite ein: Links finden Sie die Lehrerseite, rechts die Schülerseite.
- *Unit 6* enthält 3 *Lessons*, die verschiedene Feste zum Thema haben: Geburtstag, Weihnachten, Muttertag, Vatertag, Valentinstag. Sie können diese Lektionen immer dann einsetzen, wenn es einen entsprechenden Anlass gibt. Im Anschluss daran finden Sie eine Reihe von Spielen, die der Wiederholung des Erlernten dienen.
- Die letzte Doppelseite enthält zusätzliche Kopiervorlagen zu *Unit 4, Lesson 5; Unit 5, Lesson 2; Unit 6, Lesson 2*.

Die Themen und Aktivitäten

- *Englisch in Bewegung* vermittelt Wortschatz aus Themenbereichen, zu denen Kinder einen unmittelbaren Bezug habe, z.B.: Begrüßung, Farben und Formen, Tiere, der Körper, Kleidung.
- Durch Aktivitäten rund um die Laute, durch Nachsprechen, *tongue-twisters* (Zungenbrecher), Gesänge und Reime lernen die Schüler Grundzüge der englischen Phonologie kennen.
- Durch Übungen zum Nachspuren und Punkteverbinden wird die Feinmotorik und damit die Schreibkompetenz gefördert.
- Spiele mit leicht verständlichen, logischen Regeln fördern die Strukturierung des Geistes.
- Mit Liedern und Abzählreimen wird das Zuhören und Behalten trainiert.
- Das Spiel mit traditionellen englischen Reimen trägt zu einer Öffnung gegenüber der „fremden" Kultur bei.

Reime und Spiele

- Jedes Kapitel enthält traditionelle Reime, Spiele/Übungen zur Lautbildung, Wiederholungen erlernter Wörter, Übungen zum Hörverstehen und für die Schreibmotorik sowie Spiele zur Überprüfung des Verständnisses.
- Die Lieder und Reime ermöglichen es den Schülern, sich relativ einfache sprachliche Strukturen anzueignen, die ihnen den Zugang zur englischen Sprache eröffnen. Das Gelernte wird im Laufe der weiteren Lernzyklen immer wieder reaktiviert.
- Die „schriftlichen" Aktivitäten beschränken sich absichtlich auf Zeichnen, Ausmalen und Markieren, damit es nicht zu Interferenzen mit der Muttersprache kommt.

Strukturen und Wortschatz

- Wir stellen eine Auswahl an sprachlichen Strukturen und an Wortschatz mit ansteigendem Schwierigkeitsgrad zur Verfügung. In der Begegnung mit der Sprache erkennen die Schülerinnen und Schüler bereits erste strukturelle Grundlagen.
- Auf diese Weise lernen die Schüler nicht nur singen und nachsprechen. In Spielen und Sketchen üben sie, das Erlernte eigenständig zu gebrauchen.

Brigitte Duval-Moatti
Barbara Thompson

Das Poster

Das Poster kann interaktiv eingesetzt werden. Die Schüler können damit gemeinsam die Figuren kennen lernen. Der Lehrer oder die Lehrerin kann mithilfe des Posters Lernsituationen einführen. Es kann auch als Bühnenbild für eine kleine Aufführung dienen. Das Poster begleitet die Schüler und bleibt stets im Klassenraum hängen. Es kann neben dem Englischunterricht auch in anderen Fächern nützlich sein, zum Beispiel im Deutsch- oder Kunstunterricht. Schließlich ist es ein wichtiges Hilfsmittel bei der Umwälzung des erlernten Wortschatzes und der sprachlichen Strukturen (z.B. beim Fragenstellen, Benennen, Beschreiben …).

Die Puppen

Sie helfen, die Figuren zum Leben zu erwecken. Mit ihnen können die Schüler auf aktive und lebendige Weise in die englische Sprache eintauchen. Der Lehrer oder die Lehrerin spielt den Schülern die Erlebnisse der Figuren vor. Die Schüler können sich aber auch gegenseitig etwas vorspielen. Das Puppenspiel ist ein sehr wichtiges Ausdrucksmittel und eine Hilfe für alle – besonders für die zurückhaltenderen Schüler.

Unit 1, Lesson 1

> **LERNZIELE**
>
> **Inhalt**
> - sich begrüßen und verabschieden
> - Tom, Debbie und Mini-Jumper kennen lernen
>
> **Wortschatz**
> - *Hello! Goodbye!*
> - *yes, no*
>
> **Phonologie**
> - der Diphthong [əʊ]

Hello!

- Kommen Sie in die Klasse und begrüßen Sie die Kinder mit *Hello!*
- Wiederholen Sie mehrmals *Hello!* Fordern Sie die Kinder zum Nachsprechen auf.
- Sie gehen auf einen Schüler zu, heben die Hand und sagen: *Hello*. Danach sollen sich die Schüler gegenseitig begrüßen.
- Die gesamte Klasse wiederholt: *Hello!*

> Tapescript, track 1
> *Hello!*
> *Hello!*
> *Hello!*
> *Hello!*

Goodbye!

- Führen Sie auf die gleiche Weise *Goodbye* ein, ebenfalls mit einer passenden Geste.

> Tapescript, track 2
> *Goodbye!*
> *Goodbye!*
> *Goodbye!*
> *Goodbye!*

Pantomime

- *Hello* oder *Goodbye*? Der Lehrer oder ein Schüler stellt einen Gruß pantomimisch dar, ein anderer Schüler sagt, welcher Gruß gemeint war.

Mini-Dialoge

- Führen Sie mit einem Schüler einen Mini-Dialog. Danach führen zwei Schüler miteinander einen entsprechenden Dialog.
A: *Hello!* – B: *Hello!*
A: *Goodbye!* – B: *Goodbye!*

Nachsprechen in Gruppen

- Lassen Sie die Schüler *Hello/Goodbye* nachsprechen – mal lauter, mal leiser, dann in Gruppen in verschiedenen Stimmlagen wie in einem Chor.

Vorstellung der Figuren

- Stellen Sie die drei Figuren Tom, Debbie und Mini-Jumper mithilfe der Puppen, des Posters oder der Zeichnungen vor (siehe Illustration Nr. 1).
- Lassen Sie die Kinder nachsprechen: *Hello Tom! Hello Debbie! Hello Mini-Jumper!*
- Verfahren Sie genauso mit *Goodbye!* (*Goodbye Tom! Goodbye Debbie! Goodbye Mini-Jumper!*) und lassen Sie dabei die Figuren verschwinden.
- Sie können die Schüler *Hello Tom/Debbie/Mini-Jumper* mal schneller, mal langsamer nachsprechen lassen, damit sie sich die Namen einprägen.
- Machen Sie es ebenso mit *Goodbye Tom/ …*
- Alle Schüler erhalten eine Kopie der Abb. 1 und verbinden still für sich jede Figur mit dem Anfangsbuchstaben ihres Namens. Das Ergebnis wird laut besprochen.

Mini-Dialoge

- Lassen Sie die Schüler Mini-Dialoge sprechen:
Julia: *Hello, Christian!*
Christian: *Hello, Julia!*
Max: *Goodbye, Sophia!*
Sophia: *Goodbye, Max!*

Reime und Verse

- Spielen Sie der Klasse Track 3 vor.
- Lassen Sie *No* mehrmals nachsprechen (Diphthong [əʊ]).
- Lassen Sie *Yes* mehrmals nachsprechen.
- Die Schüler hören den Vers nochmals an und sprechen laut mit.

> Tapescript, track 3
> *No, no, no, no …*
> *Yes, yes, yes, yes…*

Zur Ruhe kommen

- Die Schüler malen Zeichnung Nr. 2 aus.

Tongue-twister

- Die Schüler hören den Zungenbrecher an und sprechen ihn nach. Danach malen sie die Zeichnung Nr. 3 aus.

> Tapescript, track 4
> *Hello, happy hippo!*
> *Hello, happy hippo!*
> *Hello, happy hippo!*

Unit 1, Lesson 2

> **LERNZIELE**
>
> **Inhalt**
> - sich begrüßen und sich vorstellen
> - Tom, Debbie und Mini-Jumper erkennen
> - Anweisungen geben und verstehen
>
> **Wortschatz**
> - *I'm* + eigener Name
> - *What's your name?* (verstehen)
> - *Stand up! Sit down!*
>
> **Phonologie**
> - der Diphthong [aɪ]

I'm ...

- Begrüßen Sie die Klasse mehrfach mit *Hello!* Die Schüler antworten.
- Sagen Sie *Hello, I'm Miss/Mrs/Mr ...* Fordern Sie die Schüler mit einer Geste auf, Ihnen zu antworten: *Hello, I'm ...* Stellen Sie die Frage *What's your name?* und lassen Sie die Schüler antworten: *I'm ...* Dies ist Teil des intuitiven Spracherwerbs und wird in den folgenden Kapiteln fortgeführt.

Mini-Dialoge

- Die Schüler sprechen miteinander:
Sophie: *Hello! I'm Sophie.*
Christian: *Hello! I'm Christian.*

Stand up! Sit down!

- Alle sitzen. Sie sagen: *Stand up.* Stehen Sie selbst auf und fordern Sie die Klasse mit einer Geste auf, dasselbe zu tun.
- Verfahren Sie entsprechend, um *Sit down* einzuführen.
- Die Schüler sprechen *Stand up! – Sit down!* mehrmals nach. Achten Sie bei der Aussprache auf das stimmlose „s".
- Die Schüler betrachten die Bilder der Illustration Nr. 1. Sie hören Track 5 auf der CD und tragen in der dort vorgegebenen Reihenfolge die Ziffern 1 bis 6 in die Kreise ein. Ab jetzt wird das kleine Schaf entweder Mini-Jumper oder Mini genannt.

> Tapescript, track 5
> *Stand up, Debbie!*
> *Sit down, Mini!*
> *Sit down, Tom!*
> *Stand up, Mini!*
> *Stand up, Tom!*
> *Sit down, Debbie!*

Mini-Dialoge

- Fordern Sie einen Schüler auf: *Stand up, Michael! – Sit down, Michael!* Wiederholen Sie dies mit mehreren anderen Schülern.
- Die Schüler fordern sich gegenseitig zum Aufstehen und Hinsetzen auf.

Reime und Verse

Der folgende Reim ist bei britischen und amerikanischen Kindern sehr bekannt. Er besteht aus mehreren Strophen, die die Kinder später noch lernen werden.

- Spielen Sie der Klasse den Reim mehrmals vor.
- Wiederholen Sie ihn mit den Kindern – langsam und ohne zu singen. Danach singen Sie ihn mehrmals langsam vor. Lassen Sie dann die Schüler mitsingen.
- Begleiten Sie den Gesang mit den passenden Bewegungen (*Keep moving*: z.B. eine Drehung um sich selbst). Beim letzten Satz ein glückliches Gesicht machen.
- Die Schüler singen den Reim in kleinen Gruppen (Mädchen, Jungen, Reihe für Reihe ...). In Verbindung mit den Bewegungen können sie sich den Text leichter merken.
- Jetzt können die Kinder zur Musik singen.
- Die Schüler malen die Illustration Nr. 2 aus.

> Tapescript, track 6
> *Stand up!*
> *Sit down!*
> *Keep moving!*
> *Stand up!*
> *Sit down!*
> *Keep moving!*
> *Stand up!*
> *Sit down!*
> *Keep moving!*
> *We'll all be merry*
> *and bright.*

Tongue-twister

Mit der längeren Version des Zungenbrechers aus *Lesson 1* üben die Schüler den Laut [aɪ].

- Die Schüler hören und sprechen mehrmals den Zungenbrecher.
- Sie malen die Illustration Nr. 3 an.

> Tapescript, track 7
> *Hello! I'm Ivan, a happy hippo!*
> *Hello! I'm Ivan, a happy hippo!*
> *Hello! I'm Ivan, a happy hippo!*

Unit 1, Lesson 3

> **LERNZIELE**
>
> **Inhalt**
> - die Zahlen von 1 bis 3
>
> **Wortschatz**
> - *one, two, three*
> - *sky, blue*
>
> **Phonologie**
> - der Laut des Konsonanten [w]

1, 2, 3

- Sagen Sie *one, two, three* und zählen Sie mit den Fingern mit.
- Wiederholen Sie die Zahlen und fügen Sie *Hello* hinzu: *One, two, three. Hello!*
- Lassen Sie nachsprechen: *one, two, three*.
- Hängen Sie das Poster oder *flashcards* mit den drei Figuren auf und nennen Sie: *Debbie, Tom, Mini*.
- Wiederholen Sie die Namen der Reihe nach und fügen Sie die Zahlen hinzu: *one, Debbie, two, Tom, three, Mini*. Sprechen Sie langsam und trennen Sie die Zahlen deutlich von den Namen: *one… Debbie*, etc. Betonen Sie das „t" in *two* und *Tom*, und verweisen Sie auf den Reim von *three* und *Mini*.
- Spielen Sie Track 8 auf der CD vor. Lassen Sie die Schüler nachsprechen.
- Ändern Sie nun die Reihenfolge: *2 Tom, 3 Mini, 1 Debbie; 3 Mini, 1 Debbie, 2 Tom; 2 Tom, 1 Debbie, 3 Mini*.
- Rückkehr zur ersten Version: *1 Debbie, 2 Tom, 3 Mini*. Sprechen Sie sehr deutlich, damit die Schüler ein gutes akustisches Bild erhalten und leichter lernen können.

> Tapescript, track 8
> *One: Debbie*
> *Two: Tom.*
> *Three: Mini.*
> *One: Debbie.*
> *Two: Tom.*
> *Three: Mini.*

Mündliche Übungen

- Lassen Sie die Kinder verschiedene Dinge zählen: drei Stifte, drei Schüler … Die Kinder zählen *one, two, three*.
- Die Schüler verwenden die gelernten Anweisungen: *1, 2, 3, sit down! 1, 2, 3, stand up!*
- Die Zahlen mit den Fingern zeigen: Ein Schüler zeigt zwei Finger, ein anderer sagt *two* etc. Auch umgekehrt möglich: Ein Schüler sagt *three* und ein anderer hebt drei Finger etc.

Malen und zeichnen

- zu Illustration Nr. 1: Die Schüler verbinden die 1 mit Debbie, die 2 mit Tom und die 3 mit Mini. Dabei flüstern sie: *one Debbie, two Tom, three Mini*.
- Einige Schüler dürfen dies laut wiederholen, danach die ganze Klasse zusammen.
- Die Schüler malen die Illustration bunt aus.

Reime und Verse: *One, two*

Dieser Abzählreim hilft dabei, sich die Zahlen einzuprägen. Der Reim ist in Großbritannien, in den USA und auf der ganzen Welt bekannt.

- Die Schüler hören den Reim mehrmals an und sprechen ihn nach. Anschließend machen sie dazu die Bewegungen des Abzählens.
- Um *sky blue* zu erklären, zeigen Sie auf den Himmel, malen Sie mit blauer Kreide ein Bild an die Tafel oder zeigen Sie ein Foto. Sie können auch auf einen blauen Gegenstand zeigen und sagen: *blue* oder *it's blue*.
- Fordern Sie drei Schüler auf, der Klasse zu zeigen, wie man mit dem Reim abzählt. Ermuntern Sie die Kinder dazu, dies auch auf dem Pausenhof zu tun.

> Tapescript, track 9
> *One, two*
> *Sky blue*
> *All out*
> *But you!*
>
> *One two*
> *Sky blue*
> *All out*
> *But you!*

Zur Ruhe kommen

- Die Schüler und Schülerinnen malen die Illustration Nr. 2 an.

Tongue-twister

Dieser Zungenbrecher dient dazu, den Laut [w] aus *one* zu üben.

- Die Schüler hören den Zungenbrecher und wiederholen ihn. Achten Sie auf das [ɜː] in *worm*.
- Die Schüler malen die Illustration Nr. 3 aus.

> Tapescript, track 10
> *One wiggly worm!*
> *One wiggly worm!*
> *One wiggly worm!*

Unit 1, Lesson 4

> **LERNZIELE**
>
> **Inhalt**
> - neue Anweisungen verstehen
>
> **Wortschatz**
> - *look, listen, clap, point*
> - *head, and, shoulders*
>
> **Phonologie**
> - der Laut [æ] *(clap, that)*

Look, listen, clap, point

Diese vier Anweisungen sind aus dem Unterrichtsalltag nicht wegzudenken. Sie gehören zum Basiswortschatz. Die Schüler können sich die Anweisungen leicht merken. Sie werden während des ganzen Schuljahres und auch später immer wieder verwendet.

- Sagen Sie: *Hello, I'm …* und zeigen Sie eine *flashcard* oder die Puppe Mini-Jumper. Sagen Sie: *Look! It's Mini – Mini-Jumper.* Machen Sie es genauso mit Tom und Debbie, und lassen Sie anschließend die Schüler weitermachen *(Look! It's Sophia!)*. Um wieder Ruhe einkehren zu lassen, sagen Sie: *Listen!* Halten Sie dabei eine Hand ans Ohr.
- Sagen Sie immer schneller hintereinander: *Hello! Look! Listen!* Benutzen Sie die dazu passenden Gesten. Die Schüler sprechen gemeinsam nach, dann ein Schüler oder eine Schülerin allein.
- Rufen Sie *bravo!* und klatschen Sie dabei in die Hände. Die Schüler machen mit. Sagen Sie dazu: *Clap! Clap!*
- Spielen Sie mit den Schülern Silbenklatschen. Klatschen Sie auf jede Silbe eines Vornamens und sagen Sie dazu *clap!* (Mini-Jumper: 4 Schläge, Tom: 1 Schlag, Debbie: 2 Schläge).
- Sagen Sie *Point!* und lassen Sie die Schüler auf die Illustrationen zeigen.
- Die Schüler betrachten Illustration Nr. 1. Sagen Sie *Look!* und achten Sie darauf, dass alle den Finger auf die passende Zeichnung legen. Machen Sie es genauso mit *Listen!* und *Clap!*

Ein Gedicht

- Die Schüler hören das kleine Gedicht auf Track 11 an. Dabei zeigen sie jeweils auf das passende Bild (Illustration Nr. 1: Tom, Debbie oder Mini).
- Die Schüler lernen das Gedicht mit den dazugehörigen Gesten auswendig (einzeln oder in Gruppen).
- Die Schüler malen die Illustration Nr. 1 aus.

> **Tapescript, track 11**
> *Look: Tom!*
> *Listen: Mini!*
> *Clap, clap, clap!*
> *Look: Tom!*
> *Listen: Mini!*
> *Who is that?*
> *It's Debbie!*

Reime und Verse: *Head and shoulders, Mini (1)*

- Sagen Sie: *Stand up!*
- Spielen Sie den Reim von Track 12 vor und sprechen Sie mit. Benutzen Sie dabei passende Gesten (bei *1, 2, 3* die Finger heben, bei *head and shoulders* auf Kopf und Schultern zeigen).
- Lassen Sie die Kinder zuerst Satz für Satz oder Wort für Wort nachsprechen. Danach können sie alles im Rhythmus mitsprechen.
- Alle sprechen und bewegen sich zur CD.

Zur Ruhe kommen

- zu Illustration Nr. 2: Die Schüler schreiben in die Kreise die Zahlen, die sie in dem Reim gehört haben. Dann dürfen sie die Bilder ausmalen.

> **Tapescript, track 12**
> *Head and shoulders, Mini,*
> *One, two, three.*
> *Head and shoulders, Mini,*
> *One, two, three.*
> *Head and shoulders,*
> *Head and shoulders,*
> *Head and shoulders, Mini,*
> *One, two, three.*

1

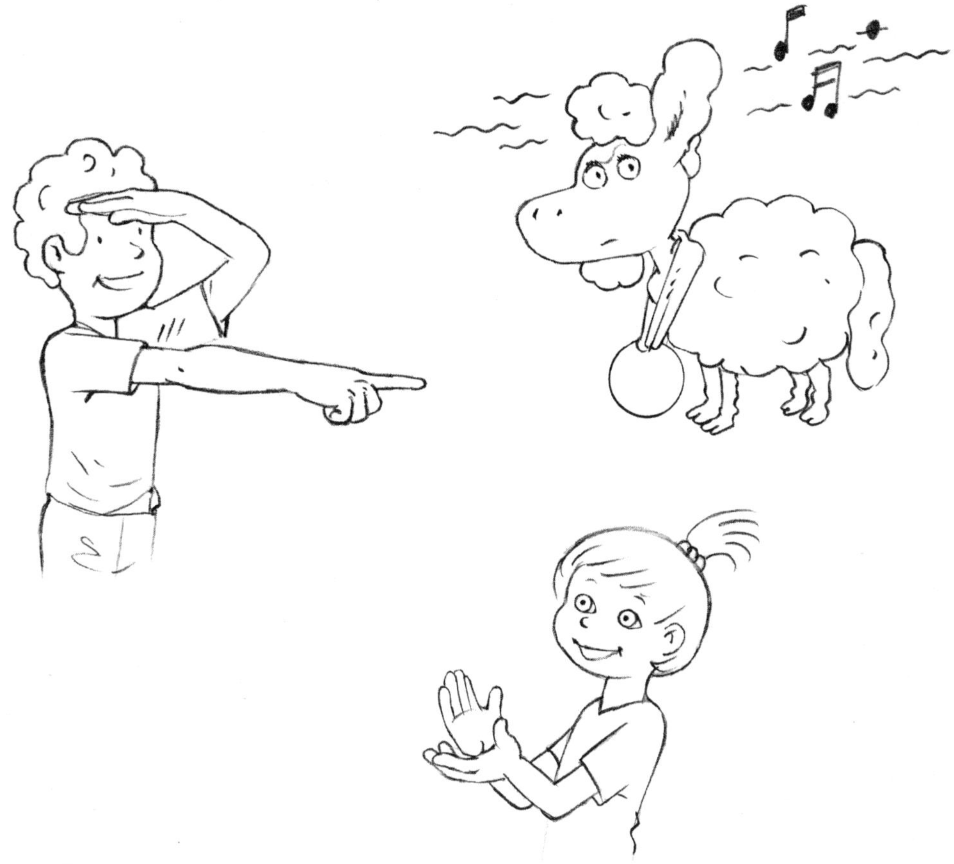

2

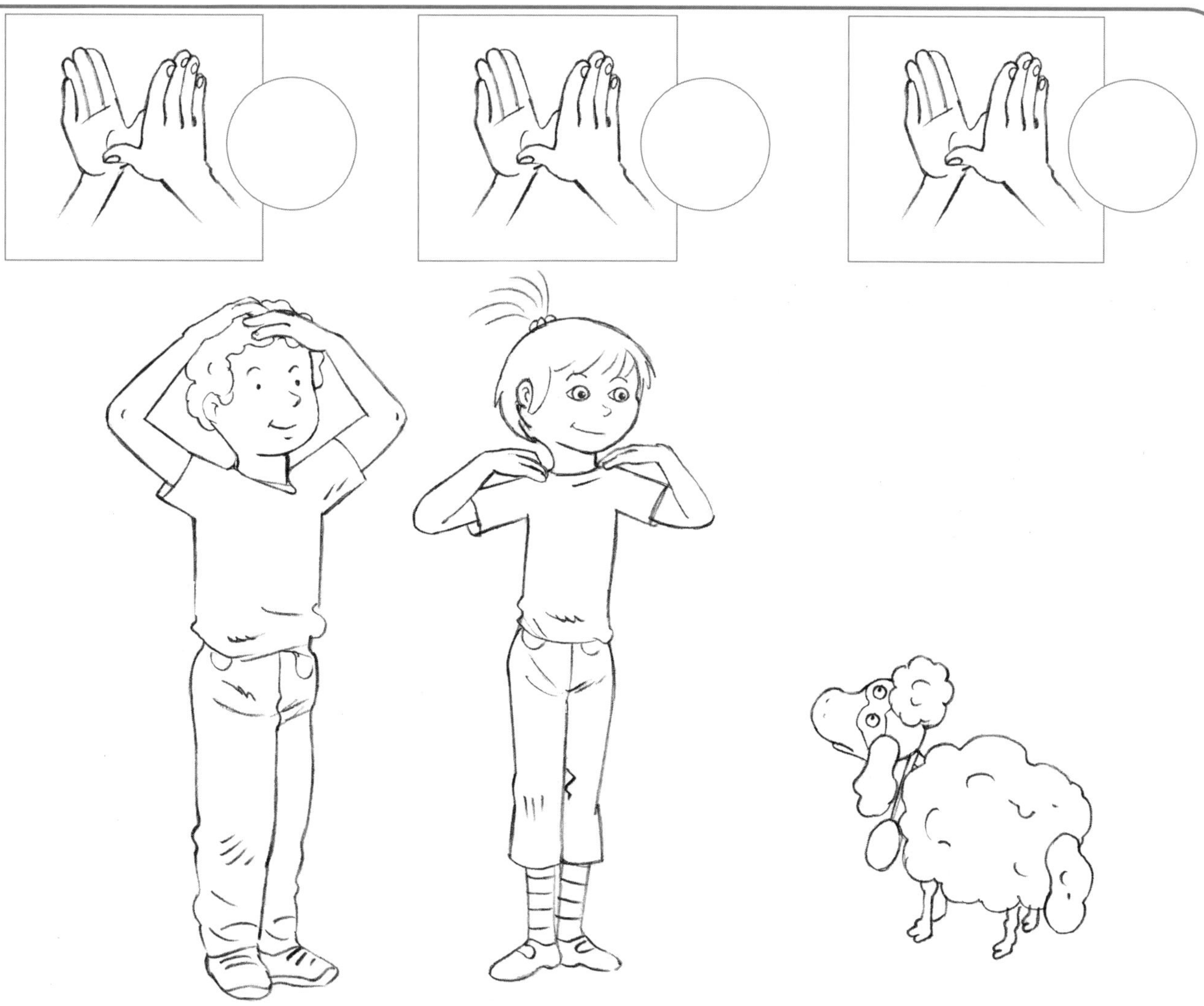

Unit 1, Lesson 5

LERNZIELE

Inhalt
- das bisher Erlernte wiederholen und überprüfen

Wortschatz
- *knees, ankles (Knöchel)*
- *turn around, touch the ground*

Phonologie
- der Laut des Konsonanten [t]

Pantomime

- Spielen Sie Track 13 vor. Machen Sie dazu die passenden Bewegungen.
- Machen Sie dann nur die Bewegungen vor, ohne die CD. Die Schüler melden sich, um das passende Wort zu sagen. Wiederholen Sie danach alle Wörter mit der ganzen Klasse.
- Nun stellt ein Schüler ein Wort pantomimisch dar. Wer das Wort zuerst errät, ist als Nächster an der Reihe usw.
- Sie können die Anweisung *Raise your hand!* einführen, indem Sie die Hand heben.

> Tapescript, track 13
> *Hello!*
> *Stand up!*
> *Look: Mini-Jumper!*
> *Listen!*
> *Clap 1, 2, 3!*
> *Sit down!*
> *Goodbye!*

Zur Ruhe kommen

- zu Illustration Nr. 1: Alle Schüler verbinden entlang den gestrichelten Linien die Zeichnungen, die die gleichen Aktionen darstellen. Gemeinsame Korrektur.

Ratespiel

- Verbinden Sie einem Schüler die Augen. Jemand aus der Klasse sagt zum Beispiel: *Hello! I'm Sebastian!* Der Schüler mit den verbundenen Augen sagt *yes*, wenn es stimmt, oder *no*, wenn es falsch ist. Nun stellen sich die anderen Schüler der Reihe nach vor. Sie können selbst entscheiden, ob sie ihren echten oder einen anderen Vornamen nennen wollen.

Simon says

- Führen Sie das Spiel *Simon says* ein. (Die Schüler setzen sich nach jedem Kommando wieder hin.)
  - *Simon says: Stand up!* (Alle stehen auf.)
  - *Sit down!* (Keiner bewegt sich.)
- Wer einmal falsch reagiert hat, scheidet aus.

Die Vokabelbox

- Illustrieren Sie jedes gelernte Wort auf kleinen Karteikarten und sammeln Sie die Karten in einer Vokabelbox. Ziehen Sie am Anfang jeder Stunde oder bei jeder Wiederholung einige Karten, zeigen Sie sie der Klasse und nennen Sie das entsprechende Wort.
- Wenn schon viele Karteikarten vorhanden sind, spielen Sie mit den Schülern ein Mannschaftsspiel. Die Mannschaft, die die Wörter am schnellsten nennen konnte, gewinnt.
- Auf die gleiche Weise können Sie große Plakate mit leeren Feldern verwenden. Füllen Sie die Felder nach und nach mit Illustrationen zu neu gelernten Wörtern. Spielen Sie mit den Schülern das Spiel *Point!* Ein Schüler zeigt auf ein Kästchen und ein anderer nennt das entsprechende Wort. Da es sich um Wiederholung handelt, kann man dasselbe auch schneller und als Mannschaftsspiel machen. Am Ende des Schuljahres dienen die Plakate als Beweis für den Lernfortschritt der Klasse.

Reime und Verse: *Head and shoulders, Mini (2)*

- Erklären Sie die Wörter des Liedes von Track 14 und üben Sie sie mit *Simon says*.
- Die Schüler hören das Lied und schauen sich dabei die Illustration Nr. 2 an. Sie schreiben die richtigen Zahlen in die Kreise: 1. *head*, 2. *shoulders*, 3. *knees*, 4. *ankles*, 5. *turn around*, 6. *touch the ground*.
- Lassen Sie die Wörter nachsprechen und fordern Sie dabei die Schüler auf: *Point!*

> Tapescript, track 14
> *Head and shoulders, Mini, One, two, three.*
> *Head and shoulders, Mini, One, two, three.*
> *Head and shoulders, Head and shoulders,*
> *Head and shoulders, Mini, One, two, three.*
>
> *Knees and ankles, Mini, One, two, three.*
> *…*
> *Turn round, Mini, One, two, three.*
> *…*
> *Touch the ground, Mini, One, two, three.*
> *…*

Tongue-twister

- Die Schüler hören den Zungenbrecher, sprechen ihn immer schneller nach und lernen ihn auswendig.
- Anschließend malen sie Illustration Nr. 3 aus.

> Tapescript, track 15
> *Touch two twisting trees!*
> *Touch two twisting trees!*
> *Touch two twisting trees!*

Unit 2, Lesson 1

> **LERNZIELE**
>
> **Inhalt**
> - einfache geometrische Formen erkennen und benennen (1)
> - Farben benennen (1)
>
> **Wortschatz**
> - *square, triangle, red, blue, a*
> - *I love*
>
> **Phonologie**
> - das englische [r] (*red, triangle*)
> - der Diphthong [aɪ]

A triangle, a square

- Schneiden Sie ein großes Dreieck und ein großes Quadrat aus festem Papier aus. Hängen Sie beides mit Magneten an die Tafel und sagen Sie: *Look! A triangle. Look! A square.* – Sie können auch Sätze bilden wie: *Look! It's a ...* Verwenden Sie immer die gleichen Satzstrukturen, damit die Schüler die Sätze verstehen, ohne nach einer Übersetzung zu fragen.
- Spielen Sie Track 16 vor. Die Schüler sprechen nach.
- Ein Schüler kann an die Tafel kommen, auf die Formen zeigen und sagen: *a triangle, a square.*
- Fotokopieren Sie Dreiecke und Quadrate (Illustration Nr. 1), schneiden Sie sie in Form von „Karten" aus und hängen Sie sie durcheinander an die Tafel. Die Schüler sortieren sie. Ein Schüler hängt jeweils eine Dreieck-Karte unter das große Dreieck und sagt: *a triangle/a square.*

> Tapescript, track 16
> *a ... triangle triangle a triangle*
> *a ... square square a square*

Spiel

- Hängen Sie die Dreieck- und Quadrat-Karten gemischt in die Mitte der Tafel. Platzieren Sie das große Dreieck an der einen Seite und das große Quadrat an der anderen.
- Zwei Schülermannschaften *(square/triangle)* müssen so schnell wie möglich – einer nach dem anderen – eine Karte nehmen, unter die richtige Form hängen und dazu *a square* bzw. *a triangle* sagen.
- Achten Sie darauf, dass Sie so viele Karten wie Schüler haben. Spielen Sie nacheinander in kleinen Gruppen, um zu viel Unruhe in der Klasse zu vermeiden.
- Die schnellste Mannschaft gewinnt. Die Sieger dürfen etwas auf Englisch sagen oder der Klasse einen Reim vortragen. Die Verlierer „müssen" dies tun.

Blue, red

- Malen Sie das große Quadrat blau aus und das große Dreieck rot.
- Sagen Sie: *Look! A blue square. Look! A red triangle.*
- Spielen Sie Track 17 vor und lassen Sie die Wörter nachsprechen. Achten Sie auf das englische „r".
- Zur Wiederholung der Farben (*blue, red*) zeigen Sie auf einen Gegenstand und sagen Sie z.B.: *blue* oder *It's blue.*
- Wiederholen Sie das Mannschaftsspiel (s. o.) mit farbigen Quadraten und Dreiecken.

> Tapescript, track 17
> *a square a ... blue ... square blue square blue*
> *a triangle a ... red triangle red triangle red*

Zur Ruhe kommen

- Jeder Schüler malt ein rotes Dreieck und ein blaues Quadrat, schneidet es aus und klebt es in die passende Form (Illustration Nr. 1).

Reime und Verse: *I love coffee*

- Diesen Abzählreim können die Kinder in großen oder kleinen Gruppen in der Pause oder auch in der Klasse aufsagen, um jemanden auszusuchen, der eine Aufgabe erfüllen muss (Blätter austeilen, Tafel putzen, den Fänger spielen ...).
- Stellen Sie *I love* pantomimisch dar oder malen Sie ein Herz an die Tafel.
- Für *coffee* und *tea* siehe Illustration Nr. 2.
- Die Schüler hören den Abzählreim an und sprechen ihn nach.
- Zeigen Sie der Klasse, dass man mit *you* jemanden auswählt. Sie können *you* auch durch den Namen ersetzen, z.B. *I want Sophie to come with me!*
- Die Schüler malen Illustration Nr. 2 aus.

> Tapescript, track 18
> *I love coffee, I love tea. I want you to come with me!*
> *I love coffee, I love tea. I want you to come with me!*

Tongue-twister

- Hier wird die richtige Aussprache des englischen „r" geübt *(really red triangles).*
- Lassen Sie den Laut „r" nachsprechen.
- Lassen Sie auch den Diphthong [aɪ] aus *triangles* [ˈtraɪæŋlz] nachsprechen.
- Die Schüler hören den Reim an, wiederholen ihn und lernen ihn auswendig.
- Sie malen das Herz und die Dreiecke (Nr. 3) rot an.

> Tapescript, track 19
> *I love really red triangles.*
> *I love really red triangles.*
> *I love really red triangles.*

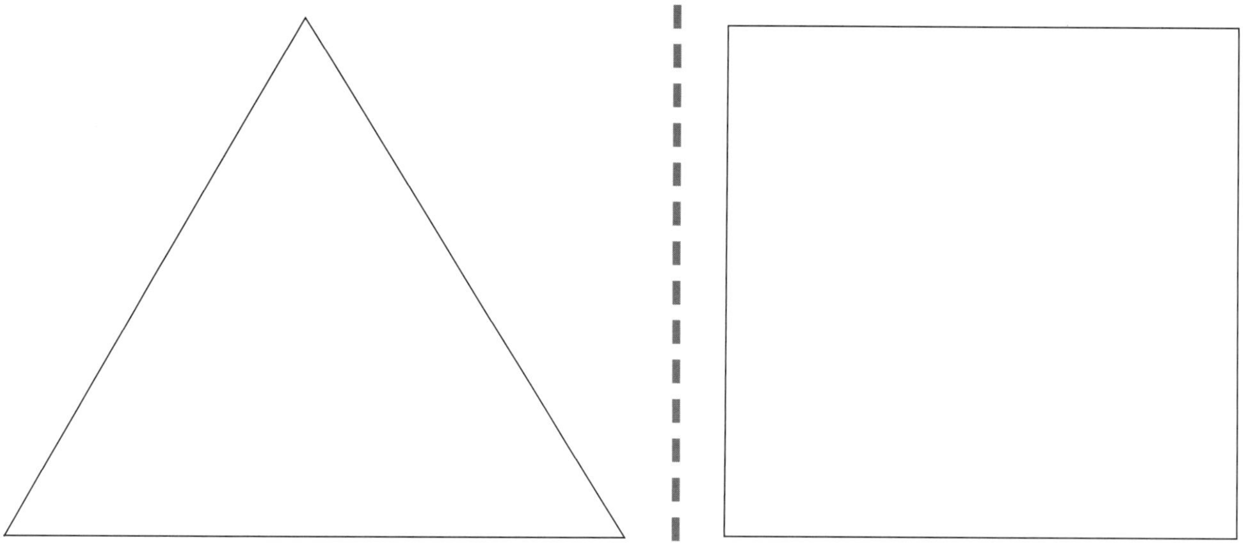

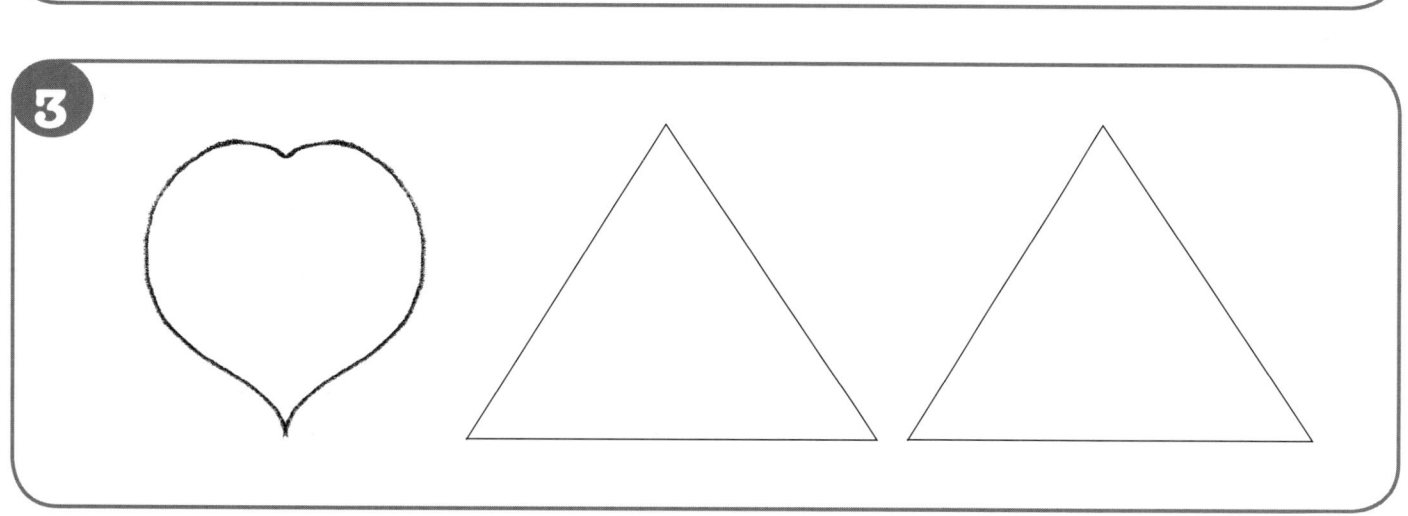

Unit 2, Lesson 2

> **LERNZIELE**
>
> **Inhalt**
> - einfache geometrische Formen erkennen und benennen (2)
> - neue Anweisungen und eine neue Farbe kennen lernen
>
> **Wortschatz**
> - circle
> - green
> - queen, king
> - Close your eyes. Open your eyes. I don't know.
>
> **Phonologie**
> - [iː] queen, green

Close/Open your eyes

- Schließen Sie die Augen und sagen Sie: *Close your eyes.* Die Augen wieder öffnen und sagen: *Open your eyes.* Dies mehrmals wiederholen und dabei immer schneller werden. Zeigen Sie auf Ihre Augen, wenn Sie *eyes* sagen.
- Lassen Sie die Schüler nachsprechen.
- Sagen Sie *Close your eyes* und hängen Sie ein großes, nicht ausgemaltes Quadrat (s. Unit 2, Lesson 1) an die Tafel. Sagen Sie: *Open your eyes. What is it? (A square/It's a square.)* Wiederholen Sie das Gleiche mit einem Dreieck. Variante: Die Schüler können die Form erraten, bevor sie die Augen öffnen.
- Nehmen Sie einen großen, aus festem Papier ausgeschnittenen Kreis mit hinzu. Fragen Sie: *What is it?* und führen Sie die Antwort *I don't know* ein. Diese Antwort ist sehr nützlich, weil man damit sogar auf Englisch antworten kann, wenn man etwas nicht weiß.
- Vorsagen und nachsprechen lassen: *circle, a circle*
- Zeigen Sie alle drei Formen. Ein Schüler/eine Schülerin kommt an die Tafel und benennt sie. Die ganze Klasse spricht nach.

Green, blue, red

- Stellen Sie die Farbe Grün vor, indem Sie auf ein grünes Quadrat *(a green square)* oder einen grünen Gegenstand zeigen *(It's green)*.
- Lassen Sie das Wort *green* sorgfältig nachsprechen. Achten Sie besonders auf den Laut [iː].
- Hängen Sie drei Formen (z.B. rotes Dreieck, blaues Quadrat, grünen Kreis) an die Tafel. Die nicht ausgemalte Seite zeigt nach vorn.
- Drehen Sie eine der Formen um und fragen Sie: *What is it?* Ein Schüler kommt an die Tafel. Sagen Sie: *Point!* Der Schüler zeigt auf die Form und sagt z.B.: *a red triangle.*
- Die Klasse spricht die Antwort nach. Dann kommt die nächste Form an die Reihe.
- Hängen Sie viele kleinere Formen dieser Art an die Tafel und machen Sie daraus ein Mannschaftsspiel.

Zur Ruhe kommen

- Jeder Schüler zeichnet drei Kreise in verschiedenen Größen, malt und schneidet sie aus und klebt sie auf die entsprechenden Formen (Illustration Nr. 1).

Reime und Verse: *Lavenders's blue*

- Diesen traditionellen Abzählreim singt man auf dem Pausenhof oder in der Klasse. Auf dem Pausenhof: Die Schüler bilden einen Kreis. Ein Kind steht in der Mitte. Es ist der König (oder die Königin) und muss sich durch Abzählen seine Königin (bzw. seinen König) auswählen, die/der dann seinen Platz in der Mitte einnimmt. In der Klasse: Ein Kind (König/Königin) steht auf und sucht sich ein anderes Kind aus, um den Reim zu sprechen. *Dilly, dilly* hat keine Bedeutung, es entspricht „lalala".
- Zeigen Sie die Königin und den König von Illustration Nr. 3 und sagen Sie: *Point! A queen/It's a queen. Point! A king/It's a king.* Zeigen Sie ein Bild der Königin von England und eines Königs, um *queen* und *king* zu erklären.
- Bringen Sie etwas Lavendel mit lassen Sie *lavender* nachsprechen.
- Die Schüler hören den Reim an und sprechen ihn nach.

> Tapescript, track 20
> *Lavender's blue,*
> *Dilly dilly,*
> *Lavender's green.*
> *When I am king,*
> *Dilly dilly,*
> *You shall be queen.*

Wiederholung

- Illustration Nr. 2: Die Schüler malen die Dreiecke grün aus, die Vierecke rot und die Kreise blau. *(Colour the triangles green, colour the squares red, colour the circles blue.)*
- Sie kleben etwas Lavendel auf das Bild.

1

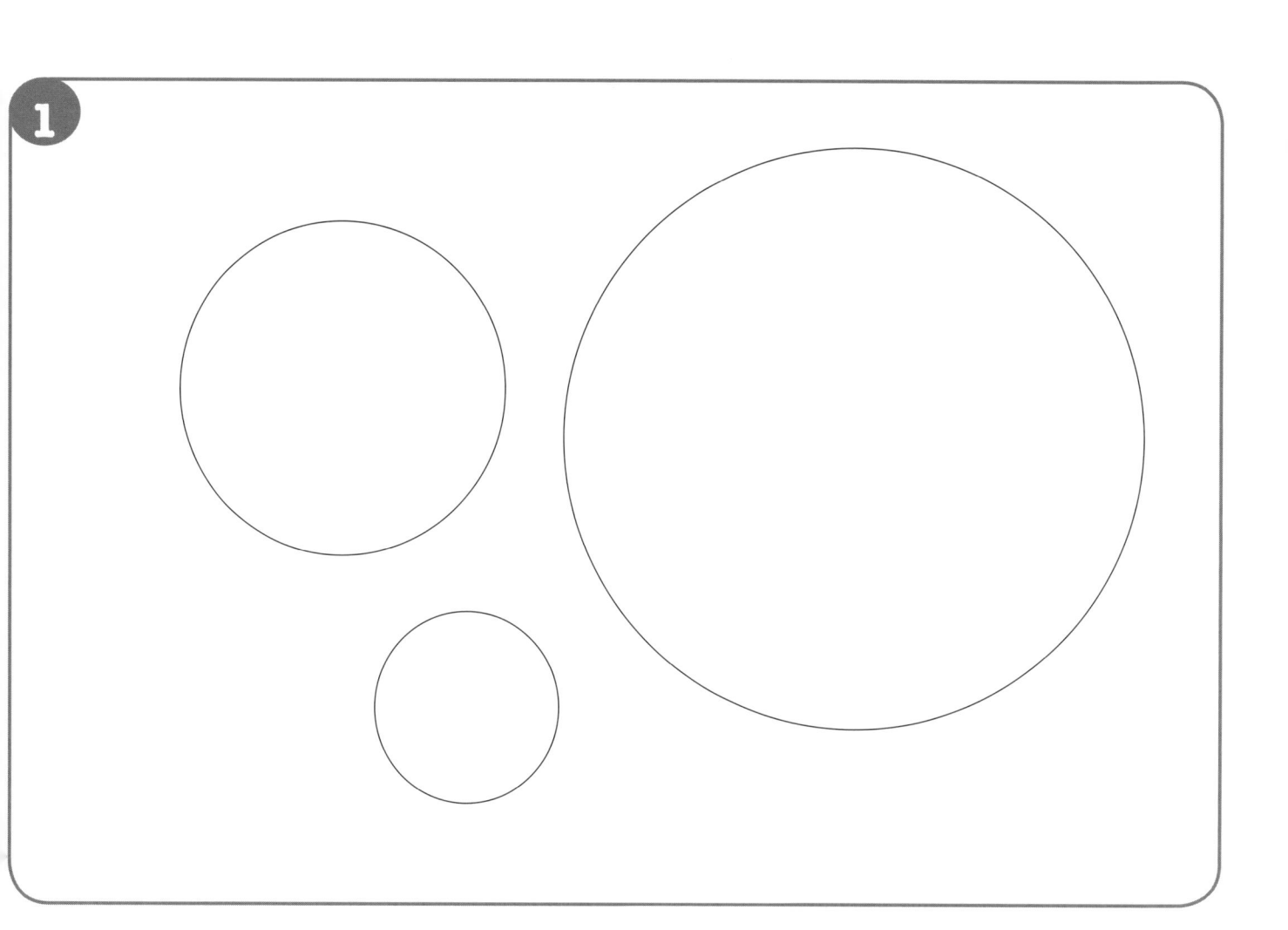

2

Unit 2, Lesson 3

LERNZIELE

Inhalt
- einfache geometrische Formen erkennen und benennen (3)
- eine neue Anweisung verstehen

Wortschatz
- *rectangle*
- *yellow*
- *rocket*
- *Guess!*

Phonologie
- [j] *yellow*, [ɪ]*miss*

Rectangle, yellow

- Führen Sie – entsprechend Lesson 2 – *rectangle* und *yellow* ein. Wiederholen Sie das schon bekannte Vokabular, auch *I don't know*.

Bilderrätsel: *a rocket*

- Dieses Spiel kann man allein oder in kleinen Gruppen spielen. Ziel ist es, geometrische Formen zu einem Bild zusammenzusetzen.
- Zu Illustration Nr. 1: Die Schüler hören Track 21 auf der CD und kreisen dabei die dritte geometrische Form in jeder Reihe ein.
- Beim Zuhören zählen sie die Formen leise durch: *one, two, three*. Die dritte in jeder Reihe ist diejenige, die sie für ihr Bild brauchen.
- Anschließend malen die Schüler in die Landschaft (s. Nr. 1) ein Objekt, das aus den eingekreisten Formen zusammengesetzt ist. Die Lehrkraft kann dabei helfen oder nicht.
- Während die Schüler versuchen, ihre Aufgabe zu erfüllen, sagen Sie *Guess!* oder *Guess, what is it?* und tun Sie so, als versuchten Sie selbst, ein Bild aus den Formen an der Tafel zusammenzusetzen.
- Aus dem Dreieck, dem Rechteck und den zwei Kreisen setzen die Schüler nun eine Rakete zusammen. Sie lernen das Wort *rocket* (*a rocket, it's a rocket*).
- Malen Sie die Rakete an die Tafel.

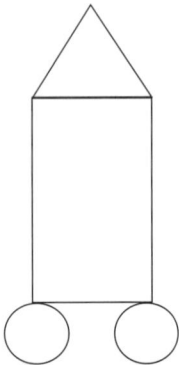

- Die Schüler malen ihre Zeichnungen an.
- Fordern Sie die Schüler dazu auf, auch andere Dinge aus den vier bekannten geometrischen Formen zusammenzusetzen (Haus, Schloss, Auto, Laster …).

> Tapescript, track 21
> *One: square, square, triangle.*
> *Two: rectangle, circle, rectangle.*
> *Three: triangle, triangle, circle.*
> *Four: triangle, square, circle.*

Reime und Verse: *Miss, miss*

- Dieser Reim rückt den kurzen Laut [ɪ] ins Bewusstsein. Es gibt dafür mehrere Schreibweisen, etwa „i" und „e": *miss, pretty, this …*
- Man singt den Reim beim Ballspielen (allein oder im Kreis) oder beim Seilspringen.
- *Miss* hat hier zwei Bedeutungen: „Fräulein" oder „missglücken". Der Reim baut auf dieser doppelten Bedeutung auf.
- Die Schüler hören den Reim an und sprechen ihn nach, dann malen sie das Bild Nr. 2 aus.

> Tapescript, track 22
> *Miss, miss,*
> *Pretty little miss,*
> *When you miss,*
> *You miss like this!*

Tongue-twister

- Die Schüler hören den Vers von Track 23 und sprechen ihn so schnell wie möglich nach.
- Sie malen die Jojos (Nr. 3) in den Farben an, die sie schon gelernt haben (*red, blue, green, yellow*).
- Zeigen Sie auf ein Jojo, das ein Schüler ausgemalt hat, und fragen Sie ihn: *What is it?* Der Schüler antwortet: *(It's) a red yoyo/a yellow yoyo/…*
- Fragen Sie: *How many yoyos?* Ein Schüler antwortet mit einer Zahl. Sie können die Jojos aber auch selbst zählen und den Schüler nachsprechen lassen (*one yoyo, two yoyos, three yoyos …*).

> Tapescript, track 23
> *Yellow yoyo,*
> *Yellow yoyo,*
> *Yellow yoyo,*
> *Yes!*

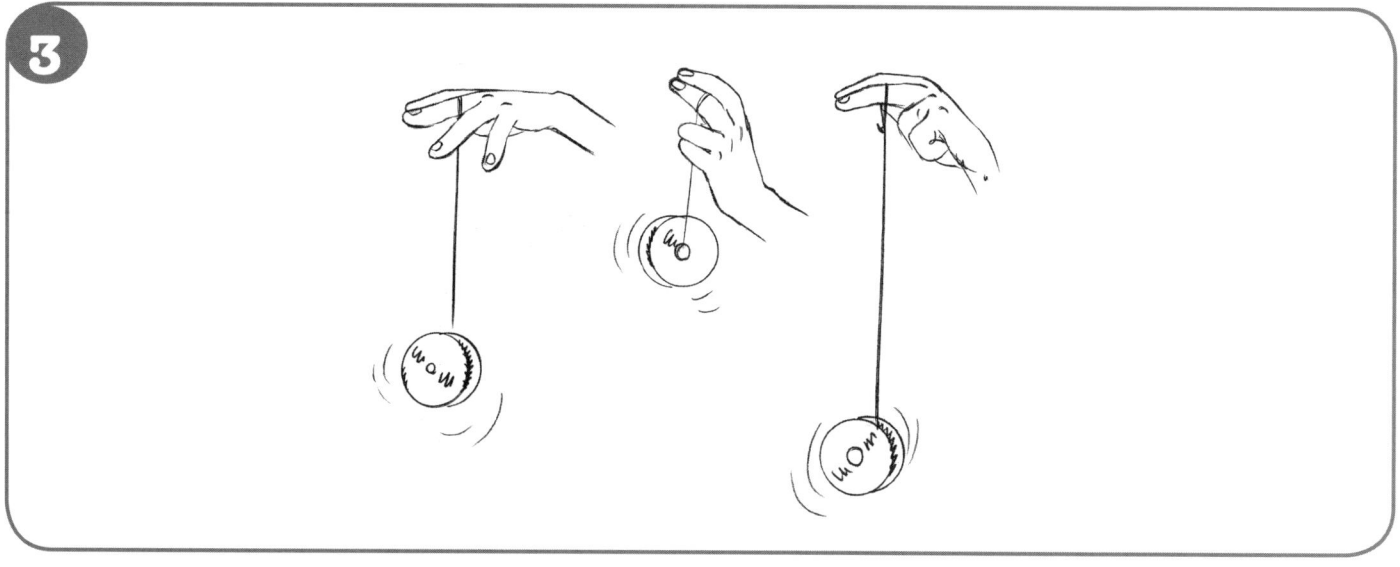

Unit 2, Lesson 4

LERNZIELE

Inhalt
- bis vier zählen
- neue Anweisungen lernen

Wortschatz
- *four*
- *Stamp your feet! Shout „Hooray!"*

Phonologie
- [f] *funny, floppy*
- Unterscheidung von [ɒ] *(floppy)* und [ɔː] *(four)*

Four

- Holen Sie einen Schüler an die Tafel, verbinden Sie ihm die Augen, geben Sie ihm ein Quadrat zum Ertasten (oder einen Kreis, ein Dreieck …) und sagen Sie: *Guess! What is it?* Wenn er richtig geantwortet hat, wiederholt die ganze Klasse das Wort, und der/die Nächste kommt an die Reihe. Weiß jemand die Antwort nicht, sagt er/sie: *I don't know.*
- Hängen Sie die vier Formen (Quadrat, Kreis, Dreieck, Rechteck) an die Tafel und zählen Sie gemeinsam: *One, two, three, four!*
- Lassen Sie *four* nachsprechen. Zählen Sie laut mithilfe der Finger – erst in der richtigen Reihenfolge, dann vertauscht.
- Ein Schüler zeigt mit den Fingern eine Zahl, die anderen nennen dazu das Zahlwort.
- Schreiben Sie Zahlen an die Tafel. Die Schüler nennen dazu die richtigen Zahlwörter.
- zu Illustration Nr. 1: Die Schüler hören Track 24 und schreiben die richtigen Nummern in die Kreise.
- Verbesserung an der Tafel.

> Tapescript, track 24
> *One: a square.*
> *Two: a circle.*
> *Three: a rectangle.*
> *Four: a triangle.*

Lied: *If you're happy*

- Dies ist ein traditionelles Lied, das sehr rhythmisch ist. Beginnen Sie damit, den Schülern die Anweisungen *clap your hands, stamp your feet, shout „hooray!"* beizubringen. Verwenden Sie dazu die Zeichnungen in Illustration Nr. 2.
- Um *happy* zu erklären, machen Sie ein strahlendes Gesicht. Sagen Sie: *Happy birthday!*
- Spielen Sie Track 25 vor. Die Schüler hören erst zu und sprechen dann Satz für Satz, Wort für Wort nach.
- Die Klasse singt das Lied in kleinen Abschnitten und macht dazu passende Bewegungen.
- Sie können weitere Strophen hinzufügen. Vorschläge dazu machen die Schüler oder die Lehrkraft. Beispiele: … *say hello/say goodbye/please stand up/please sit down* …

> Tapescript, track 25
> *If you're happy and you know it, clap your hands.*
> *If you're happy and you know it, clap your hands.*
> *If you're happy and you know it,*
> *And you really want to show it,*
> *If you're happy and you know it, clap your hands.*
>
> *If you're happy and you know it, stamp your feet.*
> *…*
>
> *If you're happy and you know it, shout "Hooray!"*
> *…*

Zur Ruhe kommen

- Die Schüler malen Illustration Nr. 2 an.
- Übung zu zweit: Ein Schüler zeigt auf eine Figur (Nr. 2) und der/die andere nennt die dargestellte Aktion, z.B.: *Clap your hands!* Oder ein Schüler gibt eine Anweisung und sein Partner führt sie aus.

Tongue-twister

- Erklären Sie *fat* und *floppy* (schlapp).
- Die Klasse hört den Zungenbrecher von Track 26 an und spricht ihn mehrmals immer schneller nach.
- zu Illustration Nr. 3: Die Schüler zählen laut die dicken Fische *(one fat fish, two fat fish …)* und malen sie aus.

> Tapescript, track 26
> *Four fat funny floppy fish.*
> *Four fat funny floppy fish.*
> *Four fat funny floppy fish.*

Unit 2, Lesson 5

LERNZIELE

Inhalt
- Wiederholung des bisher Gelernten

Wortschatz
- Wiederholung des gelernten Wortschatzes

Phonologie
- Wiederholung der gelernten Laute

Hörverstehen (1)

- zu Illustration Nr. 1: Die Schüler hören Track 27 und tragen die Zahlen richtig in die Kreise ein.

> Tapescript, track 27
> *One: stamp your feet.*
> *Two: close your eyes.*
> *Three: clap your hands.*
> *Four: open your eyes.*

Hörverstehen (2)

- Die Schüler legen vier Buntstifte vor sich hin: einen blauen, einen roten, einen gelben und einen grünen.
- Die Schüler malen die Formen in Illustration Nr. 2 nach den Vorgaben von Track 28 aus.

> Tapescript, track 28
> *a green triangle*
> *a yellow square*
> *a blue circle*
> *a red rectangle*

Bilder-Diktat

- Die Schüler hören Track 29 und malen nach den Vorgaben (s. Nr. 3).

> Tapescript, track 29
> *a rocket*
> *two circles*
> *a fish*
> *three squares*

Spiele

- Wiederholen Sie alle gelernten Anweisungen mit dem Spiel *Simon says*.

- Basteln Sie ein Quartettspiel für vier Mitspieler. Es besteht aus 16 Karten. Jede Karte zeigt eine der bekannten geometrischen Formen in einer anderen Farbe. Es gibt also vier Kreise (rot, blau, gelb, grün), vier Dreiecke, vier Quadrate und vier Rechtecke.

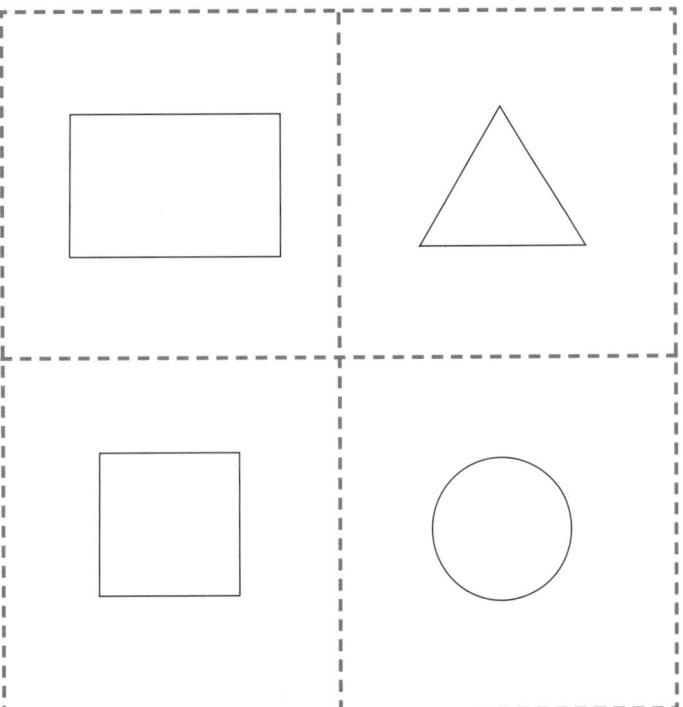

- Jeder Mitspieler erhält vier Karten. Ein Schüler beginnt und bittet seinen linken Nachbarn z.B.: *A blue square, please*. Dieser antwortet mit *yes* oder *no*. Bei *yes* bekommt der Spieler die Karte des Nachbarn und darf nach einer weiteren Karte fragen. Bei *no* ist der zweite Mitspieler an der Reihe und fragt ebenfalls seinen linken Nachbarn nach einer Karte usf. Wer als Erster ein vollständiges Quartett gesammelt hat, gewinnt.

Rückblick auf *Unit 1*

- Die Schüler überlegen, was sie zu Illustration Nr. 4 sagen können:
  - *a happy hippo, four happy hippos*
  - *I love Ivan.*
  - (mit der Vorstellung einer Farbe) *a happy red/blue hippo*
  - *one hippo, two hippos, three hippos, four hippos*

Zur Ruhe kommen

- Die Schüler malen die Bilder aus.

Reime und Verse (Wiederholung)

- Spielen Sie der Klasse den Anfang aller Reime aus *Unit 2* vor. Die Schüler versuchen sich zu erinnern, wie es weitergeht.

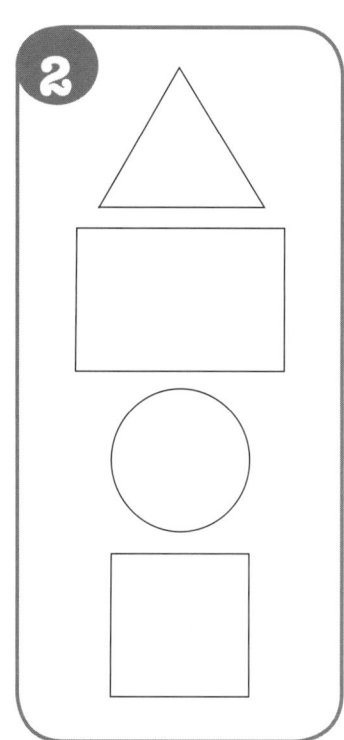

Unit 3, Lesson 1

> **LERNZIELE**
>
> **Inhalt**
> - Tiere erkennen und beschreiben (1)
> - Farben erkennen (2)
> - bis 5 zählen
> - den Plural kennen lernen
>
> **Wortschatz**
> - *pig, cat, donkey, crocodile*
> - *pink, white*
> - *big, little, happy*
> - *five*
>
> **Phonologie**
> - [p] (*pink, pig*)
> - der Laut des Vokals [ɪ] am Wortende (*happy, donkey*)

Die Tiere

- zu Illustration Nr. 1: Kopieren Sie die fünf Tiere (vergrößert) und schneiden Sie sie aus. Das Schwein rosa, die beiden Krokodile grün und den Esel grau ausmalen. Die Katze bleibt weiß. Auf festeres Papier kleben. Für jüngere Schüler kann man auch Tierfiguren mitbringen.
- Hängen Sie die Tierkarten verkehrt herum an die Tafel und zählen Sie sie gemeinsam mit den Schülern. Sagen Sie: *five animals.* Lassen Sie *five* mehrmals nachsprechen. Zeigen Sie gleichzeitig mit der Hand fünf und sagen Sie *five*.
- Ein Schüler kommt an die Tafel und zählt von 1 bis 5; ein anderer kommt vor und zählt von 5 bis 1. Sie können auch *one animal, two animals* … sagen.
- Fragen Sie mit steigender Intonation: *One cat? Two cats?* Ein Schüler antwortet: *One cat.* Genauso mit den anderen Tiernamen, z.B.: *One crocodile? Two crocodiles?* Lassen Sie die Antwort mehrmals nachsprechen: *Two crocodiles.*
- Drehen Sie die Karten um und spielen Sie Track 30 vor. Die Schüler hören zu und sprechen nach.
- Einer kommt an die Tafel, schreibt jeweils die richtige Zahl unter die Tiere und sagt z.B.: *Three: a crocodile.*
- Gedächtnisspiel: Einem Schüler werden die Augen verbunden. Er stellt sich mit dem Rücken zur Tafel auf. Ein anderer fragt z.B.: *Four?* Der Schüler antwortet: *a donkey* oder: *It's a donkey.*

> **Tapescript, track 30**
> *One: a pig.*
> *Two: a crocodile.*
> *Three: a crocodile.*
> *Four: a donkey.*
> *Five: a cat.*

Die Adjektive

- Stellen Sie die Farben *pink, white* vor, indem Sie auf entsprechende Gegenstände in der Klasse zeigen.
- Die Schüler hören Track 31. Stellen Sie die Adjektive *big, small* und *happy* pantomimisch dar.
- Die Schüler hören nochmals Track 31 und sprechen nach.
- Gedächtnisspiel: Ein Schüler bekommt die Augen verbunden oder stellt sich mit dem Rücken zur Tafel auf. Ein anderer fragt z.B.: *Four?* Der Schüler antwortet *a happy donkey* oder *It's a happy donkey.*
- Ratespiel: Ein Schüler macht ein Tier nach, die anderen erraten es. Es können auch Kombinationen wie *a big cat, a big triangle, a small triangle* … erraten werden.
- zu Illustration Nr. 1: Die Schüler hören wieder Track 31 und schreiben in jedes Kästchen die richtige Zahl.
- Korrektur mithilfe der CD.
- Ratespiel zur Wiederholung: Ein Schüler nennt ein Adjektiv und ein anderer kombiniert es mit einem Nomen, z.B.: *Pink? – (It's) a pink pig.* (Man kann hier auch Adjektive mit einbeziehen, die aus vorigen Unterrichtsstunden bekannt sind.)

Zur Ruhe kommen

- Die Schüler malen die Tiere an (Nr. 1).

Lied: *There were five in a bed*

- Dieses Lied ist bei englischen Kindern sehr bekannt. Beim Singen wird mit den Fingern mitgezählt. *Roll over* wird mit einer Drehung um sich selbst dargestellt.
- Die Schüler hören das Lied und sprechen Satz für Satz nach.
- Zum Schluss *Goodnight* pantomimisch darstellen.
- Die Schüler malen Illustration Nr. 2 an.

Tongue-twister

- Die Schüler hören Track 33 und sprechen immer schneller nach.
- Sie malen Illustration Nr. 3 an.

> **Tapescript, track 31**
> *One: a pink pig.*
> *Two: a big crocodile.*
> *Three: a small crocodile.*
> *Four: a happy donkey.*
> *Five: a white cat.*

> **Tapescript, track 32**
> *There are five in a bed*
> *And the little one says,*
> *"Roll over, roll over!"*
> *So they all roll over*
> *And one falls out!*
>
> *There are four in a bed*
> *…*
> *There are three in a bed*
> *…*
> *There are two in a bed*
> *…*
> *There is one in a bed*
> *And the little one says,*
> *"Goodnight!"*

> **Tapescript, track 33**
> *Three big pink pigs.*
> *Three big pink pigs.*
> *Three big pink pigs.*

Unit 3, Lesson 2

> **LERNZIELE**
>
> **Inhalt**
> - Tiere erkennen und beschreiben (2)
>
> **Wortschatz**
> - sheep, dog, monkey, elephant
> - fat, short, black
>
> **Phonologie**
> - [ʃ] (short, sheep ...)

Die Tiere

- Vier Tiere aus Illustration Nr. 1 vergrößern und ausschneiden: den weißen Hund, das große Schaf, den glücklichen Affen und den dicken Elefanten. Auf Karton kleben und an die Tafel hängen.
- Die Schüler hören Track 34 und sprechen nach. Dann kommt ein Schüler an die Tafel und hängt die Bilder in die Reihenfolge, die auf der CD vorgegeben ist.

> Tapescript, track 34
> One: a sheep.
> Two: a dog.
> Three: an elephant.
> Four: a monkey.

Die Adjektive

- Schneiden Sie die übrigen vier Tiere aus (schwarzer Hund, kleines Schaf, dünner Elefant, trauriger Affe), kleben Sie sie auf Karton und hängen Sie sie ebenfalls an die Tafel.
- Spielen Sie Track 35 vor und stellen Sie die Adjektive pantomimisch dar. Bei black auf einen schwarzen Gegenstand zeigen und sagen: It's black.
- Die Klasse spricht das Gehörte nach. Ein Schüler kommt an die Tafel und ordnet die Bilder in der Reihenfolge an, die in Track 35 vorgegeben ist.
- Die Klasse hört noch einmal Track 35 und betrachtet dazu die Bilder (Nr. 1). Geben Sie die Anweisung: Listen and point.

> Tapescript, track 35
> a small sheep
> a big sheep
> a sad monkey
> a happy monkey
> a black dog
> a white dog
> a fat elephant
> a thin elephant

Spiel: What's missing?

- Alle Tierkarten an die Tafel hängen. Ein Schüler verlässt das Klassenzimmer (Go out!), ein anderer nimmt eine Karte weg und versteckt sie.
- Der Schüler darf wieder hereinkommen (Come in!) und muss herausfinden, welche Karte fehlt (What's missing?).

Zur Ruhe kommen

- Die Schüler malen die Tiere in Illustration Nr. 1 an.

Reime und Verse:
The elephant goes like this and that

- Dieses Reimspiel (Track 36) kann man im Pausenhof oder in der Klasse spielen.
- Zu Beginn strecken alle die Arme seitlich von sich, um ganz dick und breit zu wirken, und machen den schwerfälligen Gang des Elefanten nach, indem sie langsam von einem Bein auf das andere treten. Bei He's terribly big strecken sie die Arme in die Höhe. Bei He's terribly fat deuten sie mit den Armen einen dicken Bauch an. Bei He has no fingers, he has no toes zeigen sie auf die Finger und die Zehen. Dann legen sie beide Hände auf die Wangen, um ihre Verwunderung zu zeigen (Goodness gracious!), und formen mit den Armen einen Rüssel (What a big nose!).
- Spielen Sie den Reim Zeile für Zeile vor und lassen Sie die Klasse nachsprechen.
- Verschiedene Variationen der Wiederholung helfen beim Einprägen (Zeile für Zeile, nur Mädchen, nur Jungen, flüsternd ...)
- Illustration Nr. 2: Die Schüler malen den Elefanten an.

> Tapescript, track 36
> The elephant goes like this and that.
> He's terribly big
> And he's terribly fat.
> He has no fingers,
> He has no toes,
> But goodness gracious, what a big nose!

Tongue-twister

- Die Schüler hören Track 37 und sprechen immer schneller nach.
- Die Schüler malen Illustration Nr. 3 aus.

> Tapescript, track 37
> Sherry and Shirley the silly shy sheep.
> Sherry and Shirley the silly shy sheep.
> Sherry and Shirley the silly shy sheep.

Unit 3, Lesson 3

LERNZIELE

Inhalt
- Tiere erkennen und beschreiben (3)
- bis 7 zählen

Wortschatz
- *bird, rabbit, giraffe, tall*
- *six, seven*

Phonologie
- der Laut [dʒ] (*jolly, giraffe*)

Die Tiere und die Zahlen

- Stellen Sie pantomimisch oder zeichnerisch die Wörter *bird* und *rabbit* vor.
- Die Schüler betrachten Illustration Nr. 1 und hören dazu Track 38. Anweisung: *Listen and point.*
- Die Schüler sprechen die Tiernamen nach, dann die jeweilige Zahl mit dem Tiernamen. Weisen Sie darauf hin, dass *sheep* sich von den anderen Nomen unterscheidet (die gleiche Form in Singular und Pural).
- Zur Wiederholung anhand von Illustration Nr. 1 die Tiere und Bäume zählen: *1, 2 dogs; 1, 2, 3 cats; 1, 2, 3, 4, trees, …*
- Spiel: Eine Zahl zwischen 1 und 7 mit den Fingern zeigen und das Zahlwort erraten lassen.
- Track 38 nochmals vorspielen.

> Tapescript, track 38
> *dogs, two dogs*
> *cats, three cats*
> *trees, four trees*
> *birds, five birds*
> *rabbits, six rabbits*
> *sheep, seven sheep*

Zahl + Adjektiv + Nomen

- Die Schüler sollen zu jeder Tierart Adjektive nennen. Führen Sie *tall* ein und wiederholen Sie *happy, little, funny, fat* und *sad*.
- Track 39: Zuhören und nachsprechen (nach jedem Nomen, dann nach jeder Nominalphrase).
- Die Schüler decken ihr Bild ab. Ein Schüler nennt eine Zahl und ein anderer antwortet in Bezug auf das Bild:
  A: *Six*
  B: *Six funny rabbits.*
  …
- Üben mit Ratespielen oder Pantomime.

> Tapescript, track 39
> *dogs, two happy dogs*
> *birds, five little birds*
> *trees, four tall trees*
> *rabbits, six funny rabbits*
> *cats, three fat cats*
> *sheep, seven sad sheep*

Zur Ruhe kommen

- Die Schüler hören nochmals die CD.
- Sie malen die Illustrationen an.

Lied: *There was a farmer had a dog*

- Bei diesem Lied muss man sich sehr konzentrieren, um Text und Klatschen richtig zu kombinieren. In der zweiten Strophe klatscht man in die Hände, um das *B* zu ersetzen, in der dritten Strophe *B* und *I*, in der vierten *B, I* und *N* usw. Vorher Track 40 vorspielen und genau zuhören.
- Dann das Lied vorspielen und Zeile für Zeile nachsprechen lassen.
- Die Schüler malen Illustration Nr. 2 aus.

> Tapescript, track 40
> *There was a farmer had a dog*
> *And Bingo was his name.*
> *B-I-N-G-O, B-I-N-G-O, B-I-N-G-O.*
> *And Bingo was his name.*
>
> *There was a farmer had a dog*
> *And Bingo was his name.*
> *…-I-N-G-O, …-I-N-G-O, …-I-N-G-O.*
> *And Bingo was his name.*
>
> *There was a farmer had a dog*
> *And Bingo was his name.*
> *…-N-G-O, …-N-G-O, …-N-G-O.*
> *And Bingo was his name.*
>
> *There was a farmer had a dog*
> *And Bingo was his name.*
> *…-G-O, …-G-O, …-G-O.*
> *And Bingo was his name.*
> *…*

Tongue-twister

- Die Schüler hören Track 41 und sprechen den Satz immer schneller nach.
- Sie zeichnen den Umriss der Giraffe nach (Illustration Nr. 3) und malen sie an.

> Tapescript, track 41
> *Jack the jolly jumping giraffe.*
> *Jack the jolly jumping giraffe.*
> *Jack the jolly jumping giraffe.*

Unit 3, Lesson 4

> **LERNZIELE**
>
> **Inhalt**
> - Bingo spielen mit Zahlen und Bildern
> - bis 10 zählen
>
> **Wortschatz**
> - *eight, nine, ten*
>
> **Phonologie**
> - die Laute [b], [s] und [w]

Bingo mit Zahlen

- Das Spiel *Bingo* eignet sich hervorragend dazu, sich den Wortschatz und – später – die Rechtschreibung einzuprägen. Es hilft, das Erlernte zu festigen, und erleichtert die Wiederholung. Man kann das Spiel während des gesamten Schuljahres immer wieder spielen. Hierbei kommt die Vokabelbox zum Einsatz; mit ihrer Hilfe können beim Bingo alle schon gelernten Vokabeln wiederholt werden.
- Führen Sie die Zahlen 8, 9 und 10 ein *(eight, nine, ten)*.
- Geben Sie jedem Schüler eine Kopie des Gitters von Seite 32.
- Jeder Schüler sucht sich 6 Zahlen zwischen 1 und 10 aus und schreibt sie in das Gitter.
- Nennen Sie eine Zahl zwischen 1 und 10 (nicht an die Tafel schreiben). Wenn die Schüler diese Zahl in ihrem Gitter haben, streichen sie sie durch. Nennen Sie eine weitere Zahl zwischen 1 und 10 (die Zahlen zur eigenen Kontrolle aufschreiben) und fahren Sie so fort. Wer als Erster alle Zahlen durchgestrichen hat, hebt die Hand und ruft: *Bingo!* Bevor Sie ihn zum Sieger ernennen, überprüfen Sie die Zahlen.

Bingo mit Bildern

- Illustration Nr. 1: Kopieren Sie die Tierkarten für alle Schüler. Nehmen Sie ein Exemplar, schneiden Sie die 10 Karten aus und legen Sie sie in eine Schachtel.
- Geben Sie jedem Schüler eine neue Kopie des Gitters (S. 32).
- Jeder Schüler sucht sich von seinem Blatt 6 Tierkarten aus, malt sie an, schneidet sie aus und legt sie auf die Felder seines Gitters.
- Ziehen Sie eine Karte aus der Schachtel und nennen Sie laut den Namen des Tieres *(a rabbit, a hippo)*. Wer dieses Tier auf seinem Gitter hat, darf das Kärtchen umdrehen.
- Der Erste, der alle Kärtchen umgedreht hat, hebt die Hand und ruft: *Bingo!* Überprüfen Sie seine Kärtchen, bevor Sie ihn zum Sieger erklären.

Spielvariationen

- Sie können auch mit Bildern und Zahlen gleichzeitig spielen und/oder ein Gitter mit 2 x 4 Kästchen verwenden.

Reime und Verse: *One potato ...*

- Dieser Reim zählt zu den bekanntesten überhaupt. Es ist ein echter Abzählvers.
- Die Kinder stehen mit ausgestreckten Fäusten im Kreis. Derjenige, der den Vers aufsagt, steht in der Mitte und berührt mit seiner Faust der Reihe nach die der Mitspieler. Dabei zählt er ab: *One potato, two potatoes ...* Der Schüler, bei dem er *more* sagt, muss eine Faust hinter seinem Rücken verstecken. Der Letzte, der mit ausgestreckter Faust stehen bleibt, ist der Auserwählte.
- In der Originalfassung bleibt *potato* unverändert. Wir haben uns für die normale Pluralform entschieden.

> Tapescript, track 42
> One potato, two potatoes, three potatoes, four.
> Five potatoes, six potatoes, seven potatoes, more!

Tongue-twister

- Die Schüler hören Track 43. Sie verbinden die Punkte in Bild Nr. 2 in der vorgegebenen Reihenfolge. Es erscheint ein Vogel.
- Die Schüler hören den Zungenbrecher (Track 44) und sprechen ihn immer schneller nach.
- Sie malen Bild Nr. 2 aus.

> Tapescript, track 43
> *A big number 10, a small number 10, a big number 2, a small number 6, a small number 1, a small number 4, a big number 8, a small number 2, a small number 5, a big number 1, a big number 4, a big number 7, a small number 3, a big number 6, a big number 3, a big number 5, a small number 7, a small number 8, a small number 9, a big number 9.*

> Tapescript, track 44
> *A big blue bird eats six sad wiggly worms.*
> *A big blue bird eats six sad wiggly worms.*
> *A big blue bird eats six sad wiggly worms.*

1

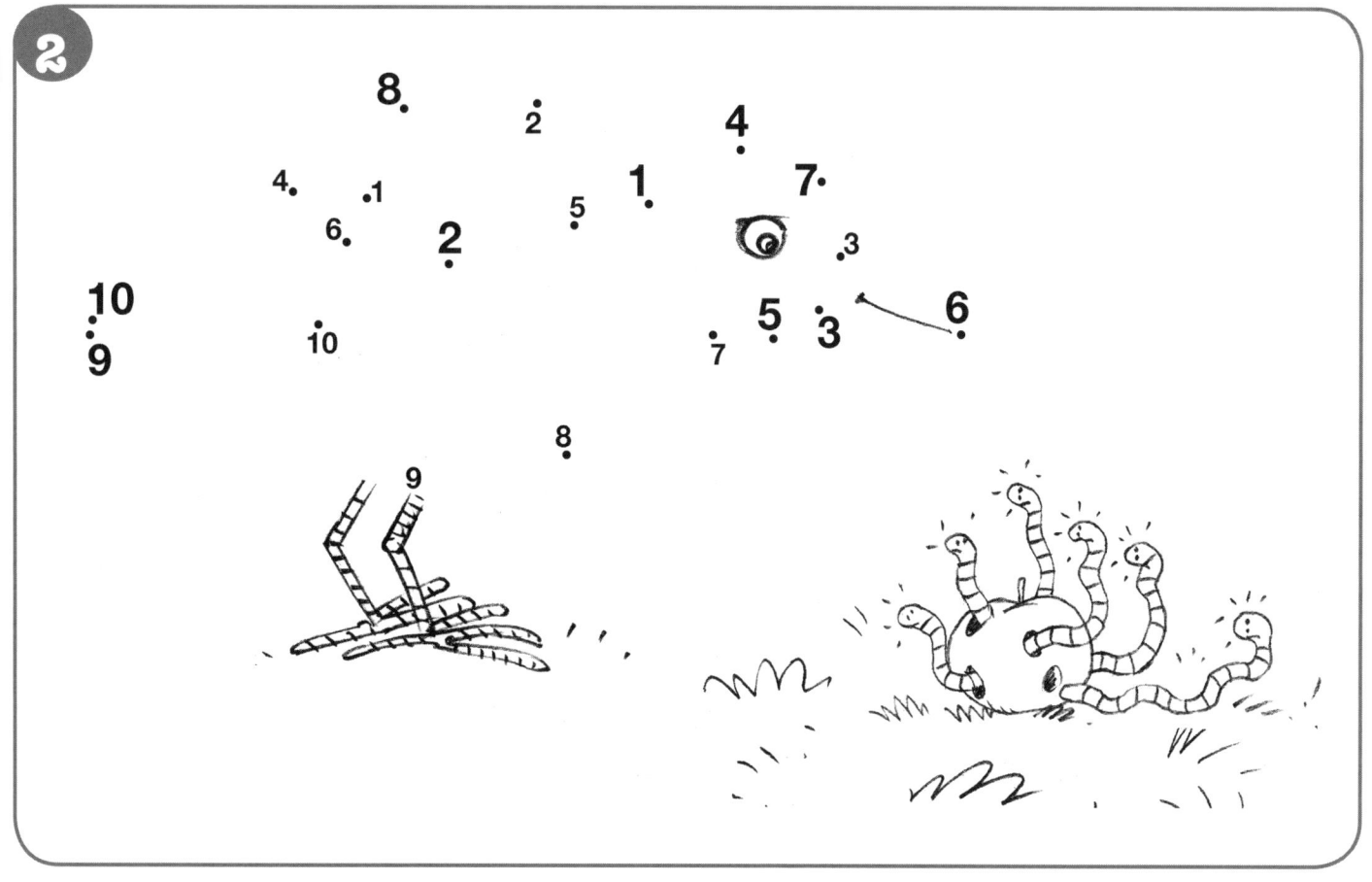

2

Unit 3, Lesson 5

LERNZIELE

Inhalt
- Wiederholung des bisher Gelernten

Wortschatz
- Wiederholung des gelernten Wortschatzes

Phonologie
- Wiederholung der gelernten Laute

Tapescript, track 45
Three big crocodiles
Five white cats
Two black dogs
Six birds
Seven rabbits
One donkey
Three pink pigs
Four monkeys

Tiere suchen

- Beim Hören von Track 45 erfahren die Schüler, wie viele der verschiedenen Tiere sie auf Bild Nr. 1 sehen.
- Führen Sie die Frage *How many ...?* ein. *(How many rabbits? One? Two? Three? How many pigs? ...)* Lassen Sie *How many?* nachsprechen.
- Die Schüler hören Track 45. Sobald sie einen Tiernamen mit einer Zahl hören (Beispiel: *seven rabbits*), schreiben sie diese Zahl über das erste Tier dieser Art, das sie auf dem Bild entdecken.
- Korrektur mithilfe der CD. Ein Schüler fragt z.B.: *How many rabbits?* Sein Nachbar antwortet: *Seven.* Etc.
- Die Schüler suchen alle Tiere auf dem Bild und malen sie aus.

Suche das fehlende Tier

- Die Schüler hören Track 46 und betrachten dazu Illustration Nr. 2. Sie malen das fehlende Tier in das leere Quadrat.
- Danach sagen die Schüler laut zu ihrem Nachbarn oder zur ganzen Klasse die Anzahl und Namen der Tiere in jedem Gitter:
A: *Square 1.*
B: *a cat, two crocodiles, a donkey.*

Tapescript, track 46
Square One: a cat, a big crocodile, a donkey, a small crocodile.
Square Two: a rabbit, an elephant, a pig, a bird.
Square Three: a small sheep, a bird, a monkey, a big sheep.
Square four: a donkey, a cat, a dog, a small crocodile.

Unit 4, Lesson 1

> **LERNZIELE**
>
> **Inhalt**
> - das Gesicht beschreiben
>
> **Wortschatz**
> - face, nose, ear(s), mouth, hair, eye(s), teeth
>
> **Phonologie**
> - der Diphthong [eɪ] (*face*)
> - der Laut des „th" in *mouth* [θ]

Das Gesicht

- Führen Sie den Wortschatz ein, indem Sie auf Ihr Gesicht zeigen: face, nose, mouth, ears, eyes, teeth, hair.
- Die Schüler zeigen auf ihr Gesicht und sprechen die Wörter nach. Dann fragen sie sich gegenseitig ab: Einer zeigt auf seine Nase/Augen/…, sein Partner sagt das passende Wort.
- Die Schüler betrachten Illustration Nr. 1. Sie hören Track 27 und sprechen nach. Überprüfen Sie das Verständnis:
  – Two big ears?
  – No! Two small ears.
  – Green eyes?
  – No! Blue eyes.
  …
- Die Schüler malen Illustration Nr. 1 aus.

> Tapescript, track 47
> *Look!*
> *Two small ears.*
> *Big blue eyes.*
> *Long black hair.*
> *A big red mouth.*
> *A long nose.*

Bild-Diktat

- Die Schüler spielen abwechselnd zu zweit. Eine/r zeichnet in die Illustration Nr. 2 Ohren, Augen, Mund, Nase und Haare. Dann „diktiert" er/sie dieses Bild seinem Partner, der nach dieser Beschreibung malt. Zum Schluss werden die Zeichnungen verglichen.

Lied: *This is the way …*

- Die Schüler betrachten Illustration Nr. 3 und hören Track 48.
- Stellen Sie die Handlung pantomimisch dar und lassen Sie die Strophen nachsprechen.
- Die Schüler singen mit und machen die Bewegungen dazu.
- Sie malen die Zeichnungen (Nr. 3) aus.

> Tapescript, track 48
> *This is the way I wash my face, wash my face, wash my face.*
> *This is the way I wash my face*
> *Early in the morning.*
>
> *This is the way I brush my hair, brush my hair, brush my hair.*
> *This is the way I brush my hair*
> *Early in the morning.*
>
> *This is the way I blow my nose, blow my nose, blow my nose.*
> *This is the way I blow my nose*
> *Early in the morning.*
>
> *This is the way I clean my teeth, clean my teeth, clean my teeth.*
> *This is the way I clean my teeth*
> *Early in the morning.*

Tongue-twister

- Die Schüler hören Track 49 und sprechen immer schneller nach.
- Sie malen Illustration Nr. 4 an.

> Tapescript, track 49
> *Three teeth in Mini's mouth.*
> *Three teeth in Mini's mouth.*
> *Three teeth in Mini's mouth.*

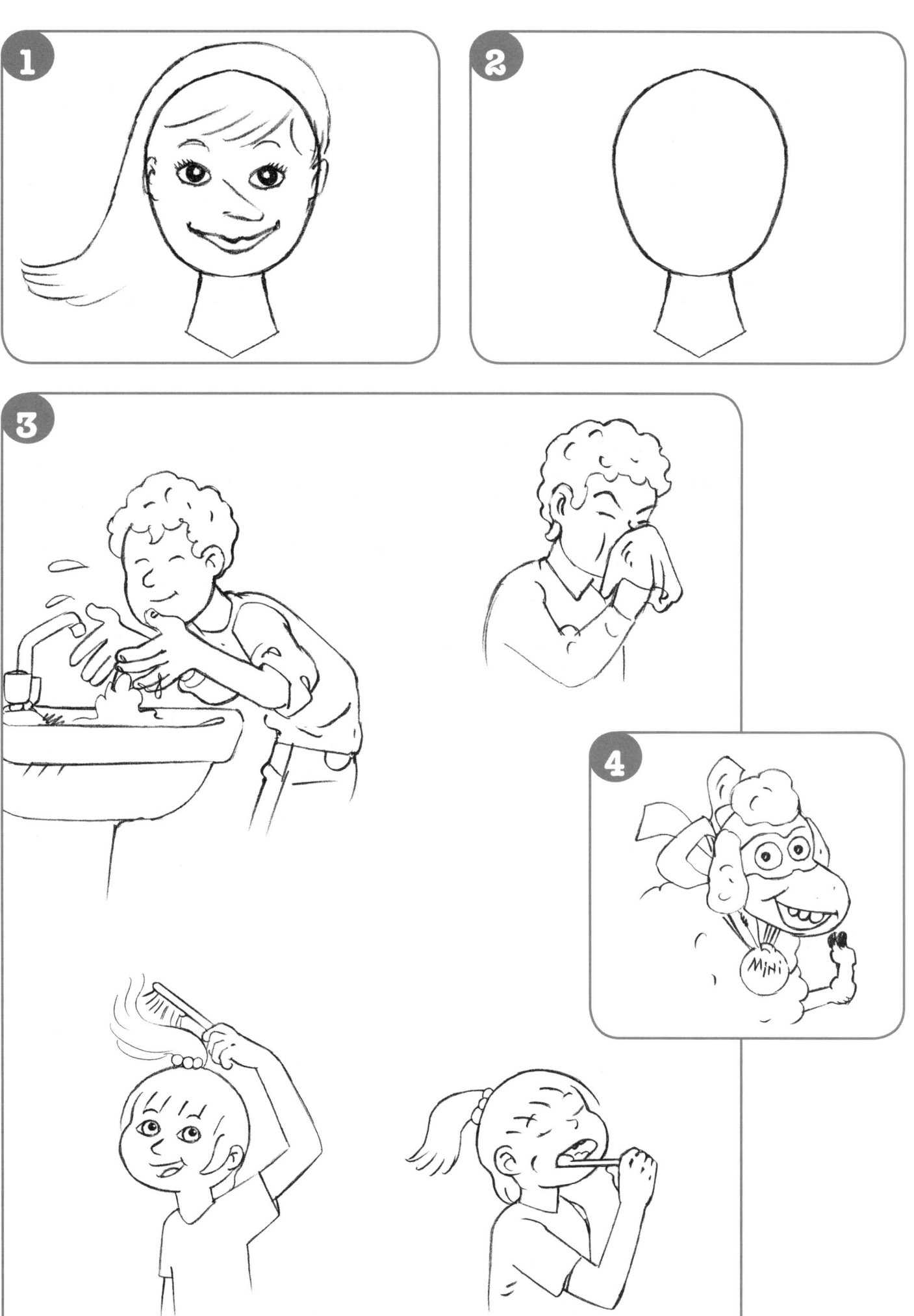

Unit 4, Lesson 2

LERNZIELE

Inhalt
- den Körper beschreiben (1)
- bis 10 zählen (Wiederholung)

Wortschatz
- hand, finger, foot (feet)

Phonologie
- der Konsonant „f" [f]

Wiederholung der Zahlen 1 bis 10

- Geben Sie jedem Schüler einen Zettel mit einer Zahl zwischen 1 und 10. In der Reihenfolge, in der die Zettel ausgeteilt wurden, liest jeder seine Zahl laut vor.
- Spiel: Sagen Sie eine Zahl. Wer die vorausgehende oder nachfolgende Zahl hat, steht auf und nennt sie. Ziel ist es, die Zahlenfolge vorwärts und rückwärts zu beherrschen.

Lied: *Ten little Indians ...*

- Spielen Sie Track 50 vor. Lassen Sie die Schüler die Strophen nachsprechen (nicht singen), um die Aussprache einzuüben.
- Die Schüler singen das Lied und zählen mit den Fingern mit.
- Teilen Sie die Klasse in mehrere Gruppen, denen Sie eine Zahl zuteilen. Jede Gruppe singt nur die Strophe mit ihrer Zahl.
Gruppe 1: *One little,*
Gruppe 2: *two little,*
Gruppe 3: *three little Indians.*
Etc.

> Tapescript, track 50
> *One little, two little, three little Indians.*
> *Four little, five little, six little Indians.*
> *Seven little, eight little, nine little Indians.*
> *Ten little Indian boys.*
>
> *Ten little, nine little, eight little Indians.*
> *Seven little, six little, five little Indians.*
> *Four little, three little, two little Indians.*
> *One little Indian boy.*

Zur Ruhe kommen

- Die Schüler malen Illustration Nr. 1 aus.

Der Körper

- Zählen Sie die Finger erst vorwärts (*one finger, two fingers ...*), dann rückwärts (*ten fingers, nine fingers ...*). Die Schüler machen es ebenso.
- Fragen Sie: *How many hands?* Zeigen Sie dabei Ihre Hände. Machen Sie es ebenso mit *eyes, ears, feet* (zeigen Sie: *one foot, two feet*).
- Wiederholen Sie auch die Bezeichnungen für Körperteile, die die Kinder bereits kennen: *knee, ankle, toe, shoulder, head* etc.

Tongue-twister

- Die Schüler hören Track 51 und sprechen immer schneller nach.
- Sie malen Illustration Nr. 2 aus.

> Tapescript, track 51
> *Fry four fresh fish fingers.*
> *Fry four fresh fish fingers.*
> *Fry four fresh fish fingers.*

1

2

Unit 4, Lesson 3

LERNZIELE

Inhalt
- den Körper beschreiben (2)

Wortschatz
- *arm, leg, thumb*

Phonologie
- die Laute [t] und [d] und [h]

Reime und Verse: *Clap your hands*

- Wiederholen Sie die schon bekannten Bezeichnungen für Körper- und Gesichtsteile (*hand, finger, foot, toe, nose, eyes, head* etc.)
- Spielen Sie Track 52 vor. Die Schüler betrachten dazu die Zeichnungen (Nr. 1). Sie sprechen den Reim nach und führen dabei die Anweisungen aus. Ziel ist es, den Reim auswendig zu lernen und ohne CD aufsagen zu können.
- Die Schüler malen die Zeichnungen aus.
- Sie befragen sich gegenseitig zu den einzelnen Zeichnungen:
  A: *Number 3?*
  B: *Stamp your feet.*
  A: *Number 7?*
  B: *Turn around.*

> Tapescript, track 52
> *Clap your hands,*
> *Touch your nose,*
> *Stamp your feet*
> *And touch your toes.*
> *Nod your head,*
> *Close your eyes,*
> *Turn around*
> *And say goodbye.*

Was passt nicht dazu?

- zu Illustration Nr. 2: Die Schüler sollen in jeder Reihe jeweils zwei Wörter finden, die nicht hineinpassen. Es sind Wörter ohne die Laute [t] bzw. [h].
- Die Schüler betrachten die Zeichnungen (Nr. 2) und kreuzen diejenigen an, die nicht zu den anderen passen. Danach hören Sie Track 53 und korrigieren ihre Lösung.

> Tapescript, track 53
> T: *Tom, finger, two, toe, leg, ten*
> H: *head, hand, nine, happy, hair, rocket*

Lied: *Stand up! Sit down!*

- Hier wird das Lied aus *Unit 1, Lesson 2* (Track 6) wieder aufgenommen. Es werden drei neue Strophen hinzugefügt.
- Spielen Sie der Klasse das Lied vor und begleiten Sie es mit den passenden Bewegungen.
- Die Schüler singen das Lied und machen die Bewegungen dazu.

> Tapescript, track 54
> *Stand up! Sit down! Keep moving!*
> *Stand up! Sit down! Keep moving!*
> *Stand up! Sit down! Keep moving!*
> *We'll all be merry and bright.*
>
> *One finger, one thumb, keep moving!*
> *One finger, one thumb, keep moving!*
> *One finger, one thumb, keep moving!*
> *We'll all be merry and bright.*
>
> *One arm, one leg, keep moving!*
> *One arm, one leg, keep moving!*
> *One arm, one leg, keep moving!*
> *We'll all be merry and bright.*

1

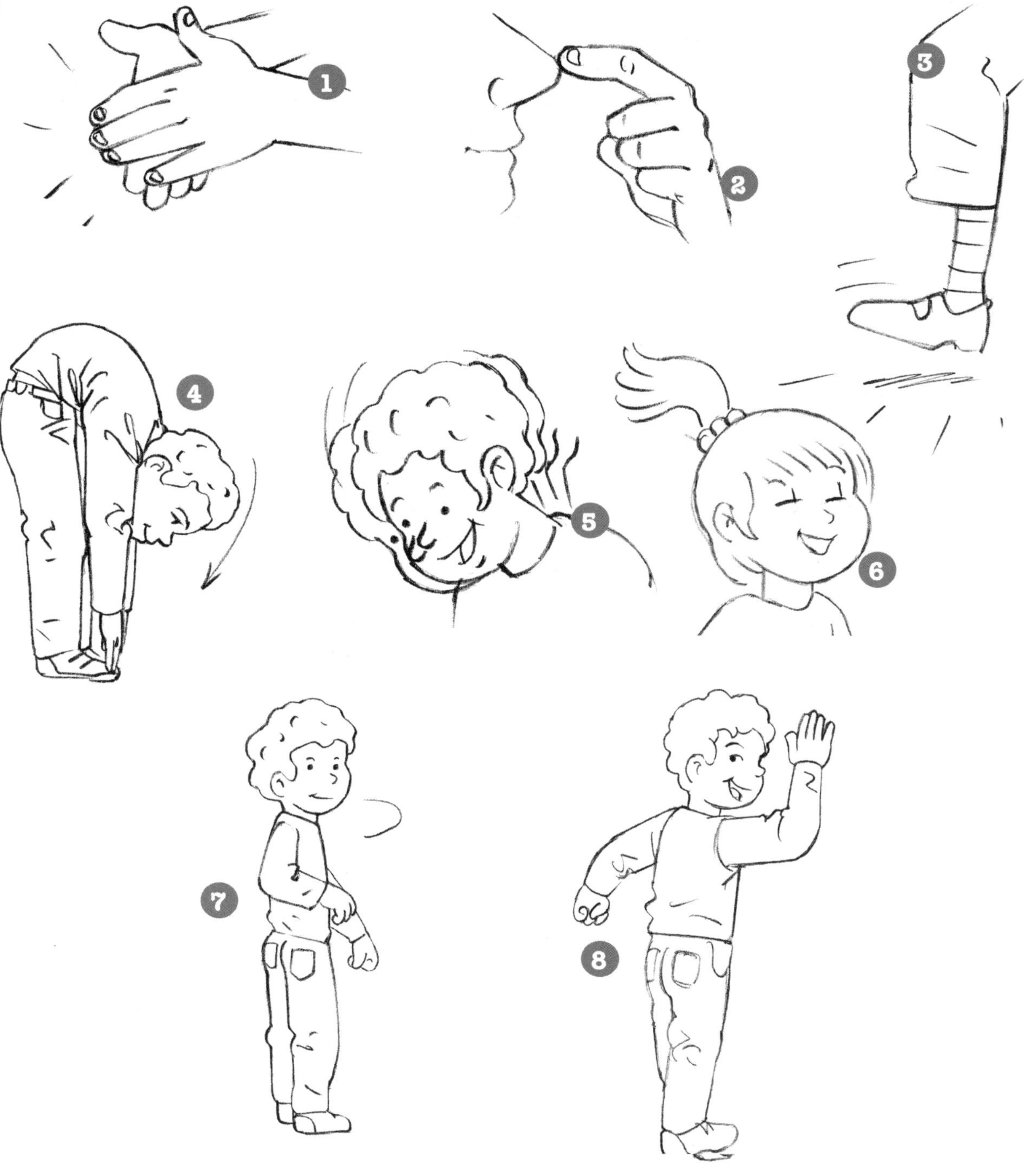

2

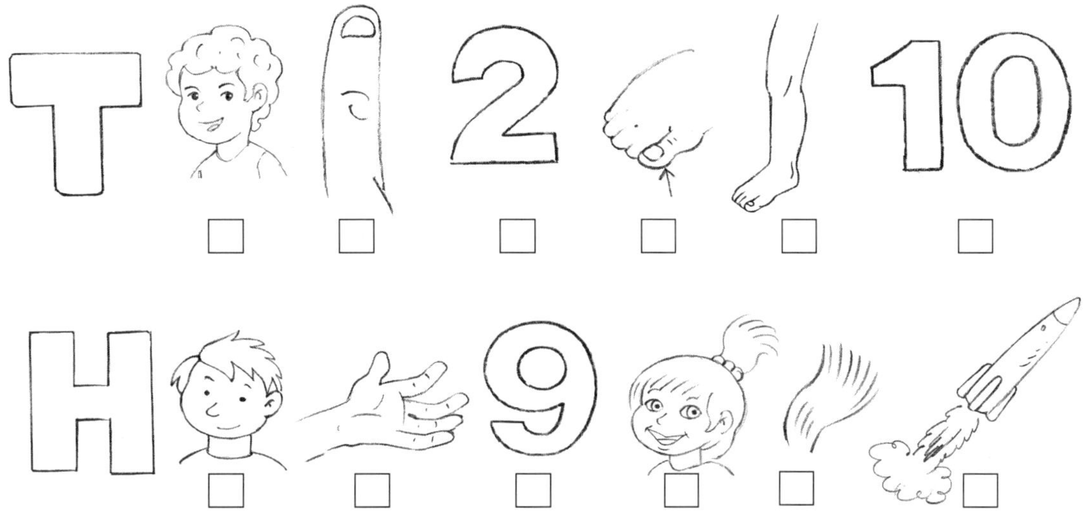

Unit 4, Lesson 4

> **LERNZIELE**
>
> **Inhalt**
> - den Körper beschreiben (3)
>
> **Wortschatz**
> - *body, angry*
>
> **Phonologie**
> - der Endlaut „-y" [ɪ] in *angry, happy, body*

Male das Monster

- Wiederholen Sie mit der Klasse die Namen der Körperteile und führen Sie das Wort *body* ein.
- Ein Schüler kommt nach vorn. Die anderen beschreiben ihm ein Monster, das er an die Tafel malen muss *(three legs, one eye, …)*. Ausgangspunkt kann ein Kreis oder eine Ellipse als *body* sein.

Bild-Diktat

- Spielen Sie Track 55 vor.
- Jeder Schüler malt auf seiner Kopie von Illustration Nr. 1 das beschriebene Monster.
- Vergleichen Sie gemeinsam die unterschiedlichen Bilder.
- Die Schüler schließen sich zu zweit zusammen. Jeder malt nach den Vorgaben des anderen ein Monster. Man kann aus den Bildern anschließend ein Plakat machen und in der Klasse aufhängen.

> Tapescript, track 55
> *The head: three small eyes, one big ear, two mouths, a long nose. Short green hair.*
> *The body: three arms, three hands, nine fingers, three legs, three feet, nine toes.*

Suche das richtige Gesicht

- Führen Sie *angry* ein. Lassen Sie *angry, body, happy* nachsprechen und achten Sie dabei auf das kurze „i" [ɪ] in der letzten Silbe (wie das „i" in *big, finger* …).
- Die Schüler hören Track 56 und schneiden unten aus Illustration Nr. 2 die fünf Gesichtshälften aus. Sie wählen die drei richtigen Hälften aus und kleben sie oben dazu, um das glückliche Gesicht von Tom, das traurige von Debbie und das wütende *(angry)* Gesicht von Tom zu erhalten.

> Tapescript, track 56
> *Tom is happy.*
> *Tom is happy.*
> *Debbie is sad.*
> *Debbie is sad.*
> *Tom is angry.*
> *Tom is angry.*

Pantomime

- Die Schüler führen zu den gelernten Wörtern den passenden Gesichtsausdruck vor *(angry, happy, sad)*.
- Wer den Gesichtsausdruck erkennt, sagt: *(Paul is) sad./(Sophie is) angry./…*
- Um die Tiernamen zu wiederholen, können die Schüler hier auch Tiere darstellen. Sie sagen dann: *The crocodile is sad./The cat is happy./…*

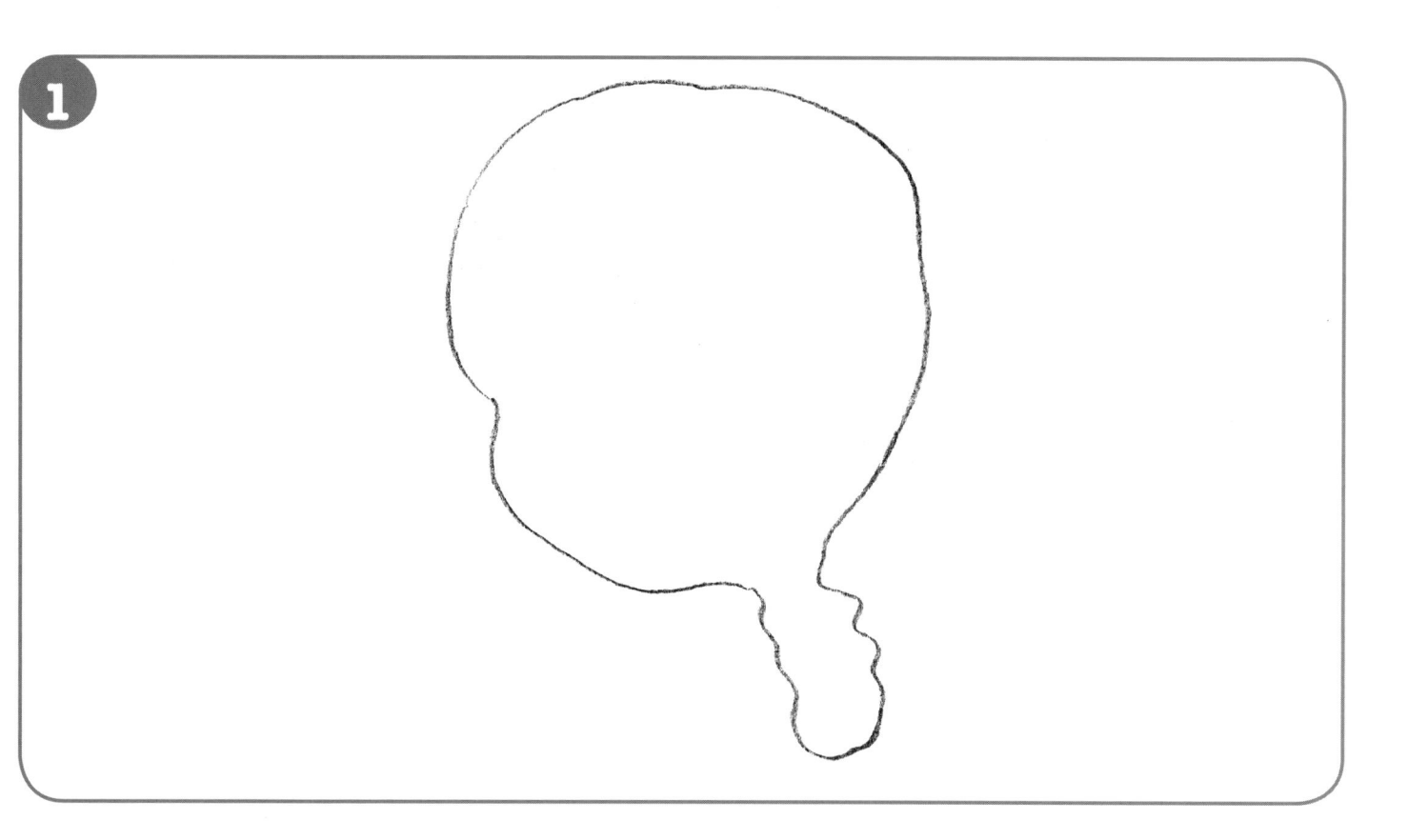

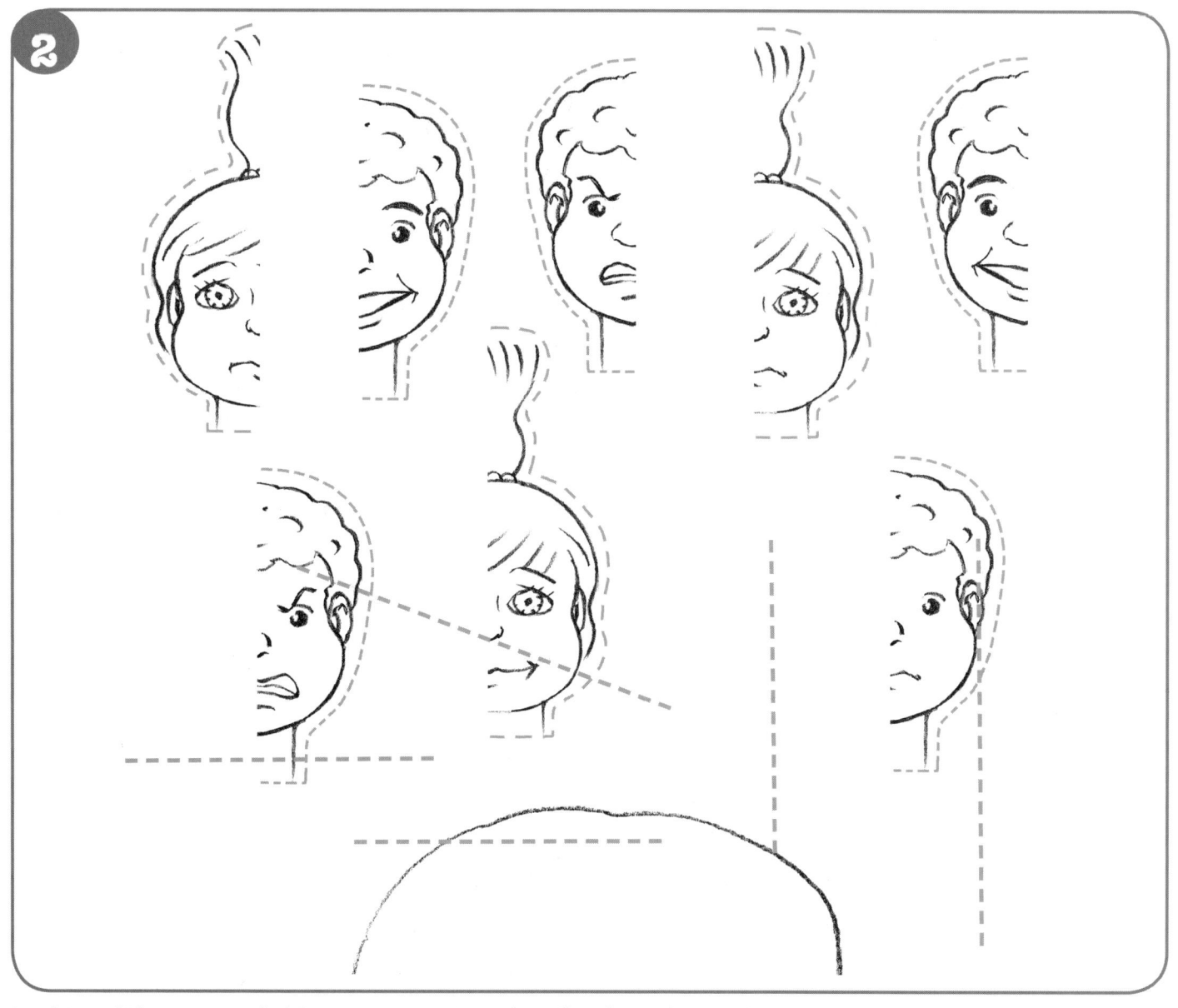

Duval-Moatti/Thompson: Englisch in Bewegung © Brigg Pädagogik Verlag GmbH, Augsburg • Best.-Nr. 652

Unit 4, Lesson 5

LERNZIELE

Inhalt
- Wiederholung des bisher Gelernten

Wortschatz
- Wiederholung des bekannten Wortschatzes

Phonologie
- Wiederholung der bekannten Laute

Kennst du das Tier?

- zu Illustration Nr. 1: Die Schüler hören Track 57 und nennen jeweils den richtigen Tiernamen. Sie schreiben die dazugehörige Nummer in das Kästchen und malen die Zeichnungen aus.

> Tapescript, track 57
> One: big and grey
> Two: small and brown
> Three: fat and pink
> Four: small and white

In die Kästchen malen

- zu Nr. 2: Die Schüler hören Track 58 – einmal zum Kennenlernen, ein zweites Mal, um die genannten Körperteile in der vorgegebenen Reihenfolge in die Kästchen zu malen. Wenn sie eines nicht erkennen, gehen sie zum nächsten über.

> Tapescript, track 58
> One: a hand
> Two: a foot
> Three: a mouth
> Four: a face
> Five: a finger

Was passt nicht dazu?

- zu Nr. 3: Die Schüler betrachten zu zweit die Bilder in den Kästchen, benennen jedes und finden das Bild, das nicht dazugehört.
  1. Face, hand, hair, **dog**.
  2. finger, **triangle**, eyes, nose.
  3. ears, mouth, **sheep**, leg.
  4. arm, nose, body, **crocodile**.

Das Schneckenspiel

- zu Seite 62 oben: Die Schüler fahren die gestrichelten Linien nach und erhalten so das Schneckenhaus mit den einzelnen Kästchen.

- Führen Sie ein: *a snail/It's a snail*. Die Schüler nennen die Nummern der Kästchen und überlegen, wozu die Kästchen da sind.
- Erklären Sie, dass es in Track 59 zu jeder Nummer eine Anweisung gibt. (Bei 2, 3, 5, 7 und 9 soll etwas Entsprechendes gemalt werden.) Spielen Sie Track 59 vor, überprüfen Sie das Verständnis und lassen Sie nachsprechen.
- Die Schüler versuchen sich die zehn Anweisungen zu merken. Um ihnen dabei zu helfen, malen Sie zu jeder Zahl ein kleines Zeichen oder Bild an die Tafel.
- Die Schüler spielen jeweils zu zweit. Jede Zweiergruppe bekommt zwei Würfel und zwei Spielfiguren. Die Spieler müssen zuerst eine 1 würfeln, um ihre Spielfigur in das erste Kästchen zu setzen. Danach eine 2, um in das zweite Kästchen zu rücken etc. Ab dem 7. Kästchen werden zwei Würfel benutzt.
- Jedes Mal, wenn ein Spieler ein Kästchen vorrückt, muss er die passende Anweisung ausführen. Wer sich nicht erinnert, kann an der Tafel nachsehen oder nochmals Track 59 hören.
- Das Spiel kann auch mit anderen Anweisungen gespielt werden, die von Schülern vorgeschlagen werden. Man kann auch Wörter und Anweisungen aus der Vokabelbox (s. S. 12) verwenden.

> Tapescript, track 59
> One: Say hello.
> Two: blue
> Three: a big mouth
> Four: Clap your hands.
> Five: a green square
> Six: Sing a song.
> Seven: a yellow flower
> Eight: Stamp your feet.
> Nine: a red crocodile
> Ten: Say goodbye.

Lied: *Row, row, row your boat*

- Dies ist ein sehr bekanntes Lied, das man im Kanon singt.
- Spielen Sie Track 60 vor. Machen Sie während der ersten und zweiten Zeile mit den Händen Ruderbewegungen. Die Schüler betrachten Illustration Nr. 4.
- Während der dritten und vierten Zeile stellen Sie mit den Händen Wellen dar und bewegen dazu langsam den Kopf.
- Die Schüler singen das Lied und malen die Zeichnung aus.

> Tapescript, track 60
> Row, row, row your boat,
> Gently down the stream.
> Merrily, merrily, merrily, merrily,
> Life is but a dream.

1

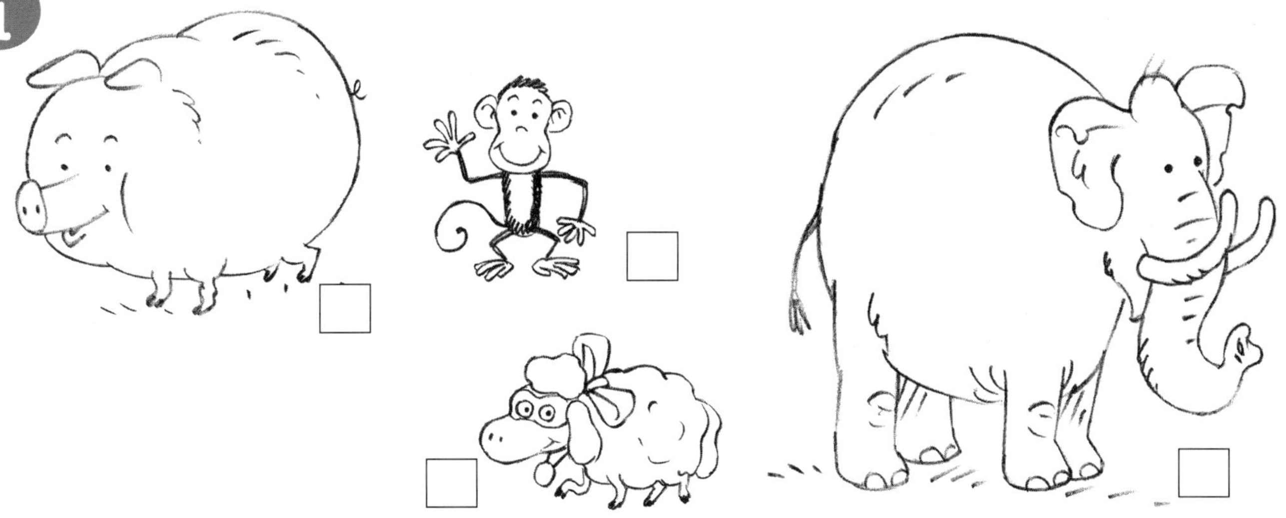

2

1	2	3	4	5

3

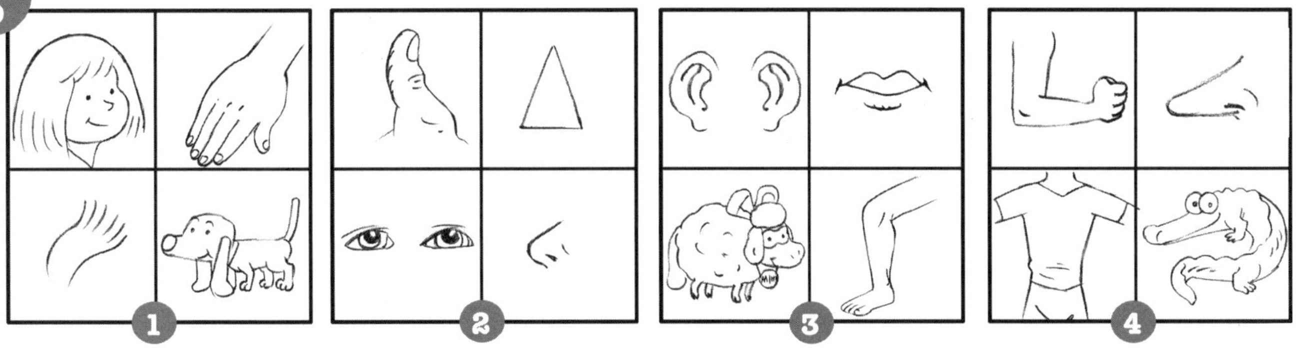

4

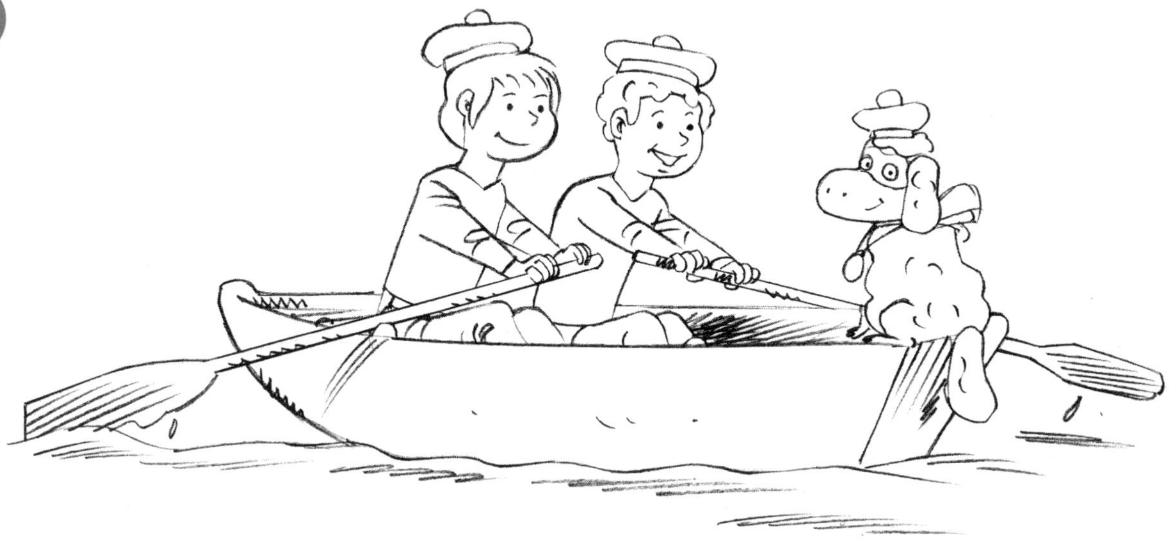

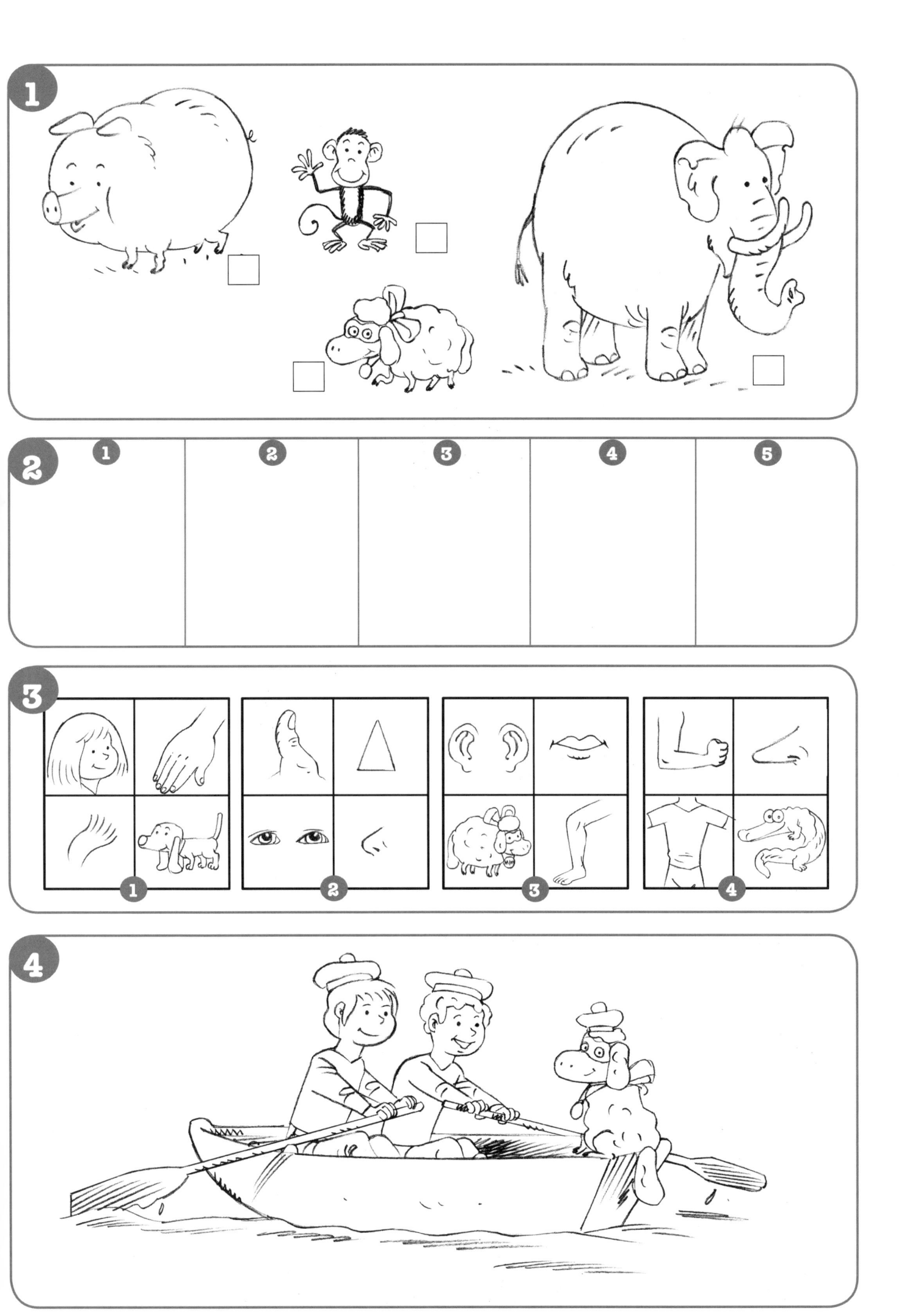

Unit 5, Lesson 1

> **LERNZIELE**
>
> **Inhalt**
> - Kleidungsstücke erkennen und beschreiben
>
> **Wortschatz**
> - dress, jeans, T-shirt, socks, hat, shoes
> - purple
>
> **Phonologie**
> - [ʃ] und [tʃ] (sheep, chew, shoes)

Neue Wörter entdecken

- Legen Sie ein Kleid, eine Hose, ein T-Shirt, Socken, einen Hut und Schuhe (evtl. Puppenkleidung) in einen Korb oder eine Tasche. Man kann die neuen Wörter auch mit *flashcards* vorstellen, aber gerade mit jüngeren Schülern nimmt man besser echte Kleidung.
- Nehmen Sie ein Kleidungsstück heraus und fragen Sie: *What is it?* Wiederholen Sie die Frage mehrmals und sagen Sie dann die Antwort: *a dress* oder *it's a dress*.
- Dann nimmt ein Schüler ein Kleidungsstück aus der Tasche und fragt: *What is it?* Die ganze Klasse kann mit ihm gemeinsam die Frage sprechen. Der Lehrer antwortet, lässt die Schüler das neue Wort mehrmals nachsprechen und hängt das Kleidungsstück vorne in der Klasse auf (mit Wäscheklammern an eine Schnur).
- Ebenso werden alle anderen Kleidungsstücke herausgenommen und benannt.
- Die Schüler zeigen daraufhin auf ihre eigenen Kleidungsstücke und befragen sich gegenseitig.
- Stellen Sie *purple* vor. Zeigen Sie auf einen violetten Gegenstand in der Klasse und sagen Sie: *purple* oder *it's purple*. Sie können mit den Schülern auch die anderen Farben wiederholen, indem Sie fragen: *What colour is it?* Diese Frage ist leicht zu verstehen.

Lied: *The hat is pink and blue*

- Die Schüler hören Track 61 und malen den Anweisungen entsprechend Illustration Nr. 1 an.
- Die Schüler „lesen" ihr Bild laut vor. Die anderen hören zu und kommentieren, ob etwas richtig (*Yes* oder *Right*) oder falsch (*No* oder *Wrong*) angemalt wurde.
- Sie singen das Lied.

> Tapescript, track 61
> *The hat is pink and blue, the hat is pink and blue,*
> *E-I-Addy-O, the hat is pink and blue.*
> *The T-shirt's orange and green, the T-shirt's orange and green,*
> *E-I-Addy-O, the T-shirt's orange and green.*
> *The jeans are black and red, the jeans are black and red,*
> *E-I-Addy-O, the jeans are black and red.*
> *The shoes are yellow and white, the shoes are yellow and white,*
> *E-I-Addy-O, the shoes are yellow and white.*
> *The socks are purple and red, the socks are purple and red,*
> *E-I-Addy-O, the socks are purple and red.*

Bilddiktat

- zu Illustration Nr. 2: Je zwei Schüler diktieren sich gegenseitig die Farben, in denen der andere die Bilder ausmalen soll: *a pink dress, a green hat ...* Jeder kontrolliert, ob sein Partner alles richtig gemacht hat.

Tongue-twister

- Die Schüler hören Track 62 und sprechen immer schneller nach.
- Sie malen Illustration Nr. 3 an.

> Tapescript, track 62
> *Sheep chew shoes.*
> *Sheep chew shoes.*
> *Sheep chew shoes.*

45

Unit 5, Lesson 2

LERNZIELE

Inhalt
- Kleidungsstücke erkennen und beschreiben (2)

Wortschatz
- *coat, jumper, skirt, shorts*
- *grey*

Phonologie
- der Konsonant „g" [g]

Der neue Wortschatz

- Fragen Sie *What is it?* und zeigen Sie dabei auf Kleidungsstücke der Schüler, um das neue Vokabular einzuführen.
- Die Schüler verbinden die gestrichelten Linien in Illustration Nr. 1 und entdecken die neuen Kleidungsstücke.
- Anweisung: *Point to the skirt! Point to …*

Tom und Debbie: Anziehpuppen

- zu Illustration Nr. 2: Die Schüler hören Track 63. Dabei ziehen sie Tom und Debbie an, indem sie ihnen Kleidung malen oder ausschneiden und ankleben (s. S. 63).

> Tapescript, track 63
> *Debbie: a purple T-shirt, a pink and red skirt, green socks, pink shoes and a green hat.*
> *Tom: red shorts, a black jumper, white and red shoes and green socks.*

Ein Spiel

- Sagen Sie: *Red T-shirt stand up!* Alle Schüler, die ein rotes T-Shirt anhaben, stehen auf. Dann dürfen die Schüler weitermachen: Sie sagen nacheinander den Namen eines Kleidungsstücks (z.B. *dress*) – mit oder ohne Farbadjektiv. Alle, die so ein Kleidungsstück tragen, stehen auf. Lassen Sie die Schüler später auch andere Anweisungen hinzunehmen, z.B.: *Touch your head! Clap your hands!* Das Gleiche kann auch nur mit Farben gespielt werden *(Green stand up! …)*

Reime und Verse: *My hat it has three corners*

- Lassen Sie die Schüler einen Hut aus Zeitungspapier basteln: Eine Zeitungsdoppelseite nehmen und in der Mitte falten. Die Ecken der geschlossenen Seite nach innen falten, um ein Dreieck zu erhalten. Den überstehenden Streifen hochklappen – erst eine Lage, dann umdrehen und die andere Lage hochklappen. Das Dreieck in der Mitte auseinanderziehen und die beiden Spitzen aufeinanderlegen, sodass ein Viereck entsteht. Die unteren beiden Spitzen des Vierecks nach oben klappen, sodass ein relativ festes Dreieck entsteht. Den Hut öffnen und auf den Kopf setzen.
- Erklären Sie den Schülern, dass der folgende Reim von dem Hut handelt, den sie gerade gebastelt haben. Diesen Reim kennt man auch im Deutschen: „Mein Hut, der hat drei Ecken, drei Ecken hat mein Hut. Und hätt er nicht drei Ecken, so wär er nicht mein Hut."
- Die Schüler sollen die Wörter *my, hat, three* und *corners* erkennen und die passenden Gesten dazu machen (*corners* = den linken Arm anwinkeln, mit der rechten Hand auf den Ellenbogen des linken Arms zeigen).
- Die Schüler hören Track 64 und wiederholen den Reim. Dazu machen sie die entsprechenden Gesten. Danach versuchen sie, die einzelnen Wörter durch Gesten zu ersetzen: *My* (Geste) *it has three corners, three corners has my* (Geste), etc. Das Ziel ist, erst ein, dann zwei, dann drei und schließlich vier Wörter (*my, hat, three, corners*) durch Gesten zu ersetzen.

> Tapescript, track 64
> *My hat it has three corners,*
> *Three corners has my hat.*
> *And had it not three corners,*
> *It would not be my hat.*

Tongue-twister

- Die Schüler hören den Zungenbrecher an und sprechen ihn immer schneller nach.
- Sie malen die Zeichnung aus (Nr. 3).

> Tapescript, track 65
> *Grey geese graze in the green grass.*
> *Grey geese graze in the green grass.*
> *Grey geese graze in the green grass.*

1

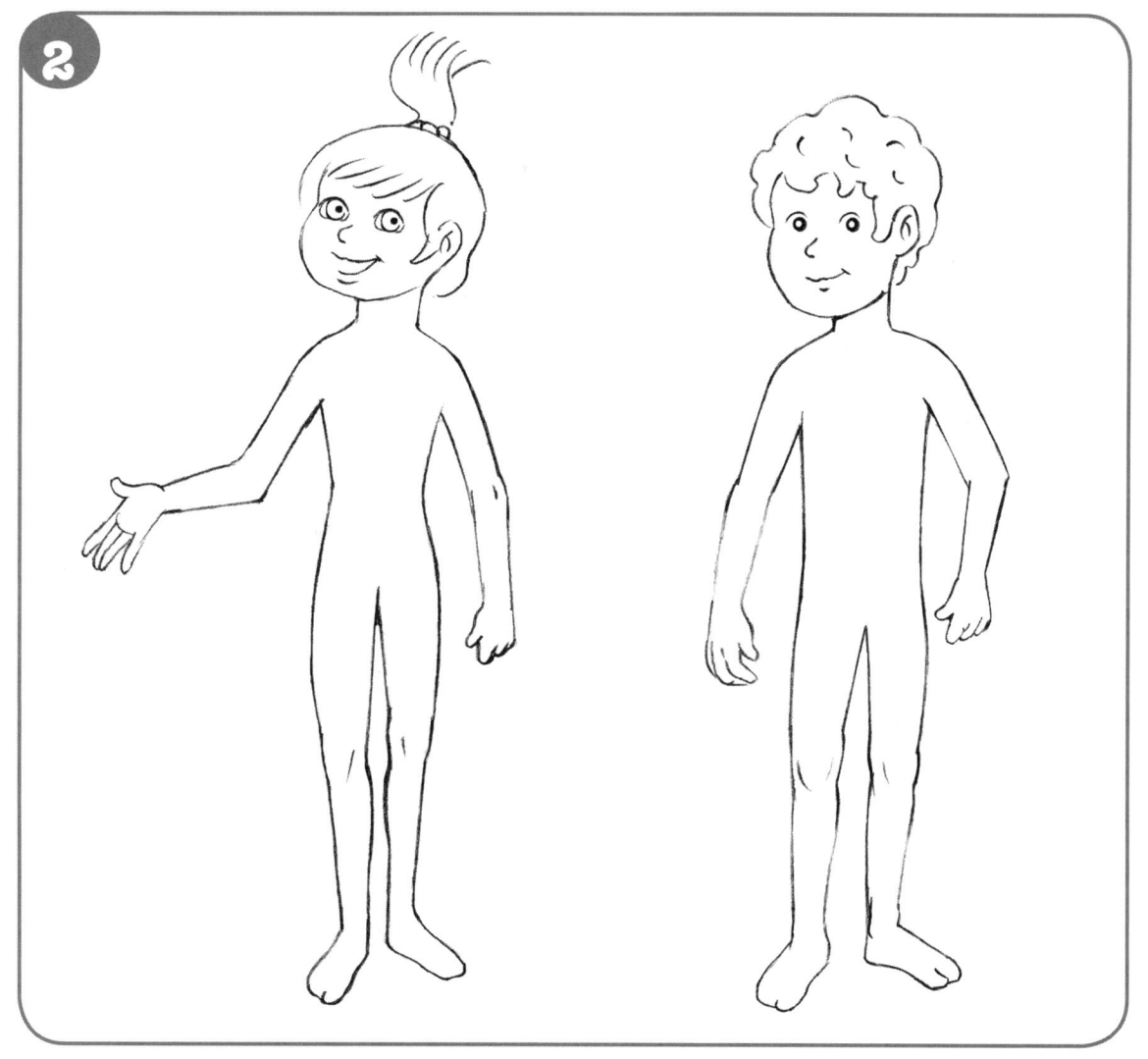

2

3

Unit 5, Lesson 3

LERNZIELE

Inhalt
- über das Wetter reden
- Kleidung erkennen und beschreiben (2)

Wortschatz
- *It's sunny/hot/cold/snowing/raining*
- *scarf, sweater*

Phonologie
- Der Diphthong [əʊ] (*snow, snowman, no*)

Das Wetter

- Erklären Sie mit Pantomime *(hot, cold)* und Tafelbildern die verschiedenen Ausdrücke für das Wetter.
- Schauen Sie aus dem Fenster und sprechen Sie über das aktuelle Wetter. Verwenden Sie die Symbole (Illustration Nr. 1), Pantomime und/oder Tafelbilder, um *It's sunny/hot/cold/snowing/raining* einzuführen. Lassen Sie alles einzeln nachsprechen.
- Spiel: Ein Schüler denkt an einen der Begriffe, die anderen müssen erraten, an welchen.
  A: *It's raining?*
  B: *No.*
  C: *It's sunny?*
  B: *No.*
  …
- Ein Schüler stellt einen der Begriffe pantomimisch dar, die anderen erraten ihn.

Die Kleidung

- Wiederholen Sie die Namen der Kleidung. Führen Sie *scarf* und *sweater* ein.
- Nennen Sie den Namen eines Kleidungsstücks. Die Schüler sollen das passende Wetter dazu nennen:
  Lehrer: *A T-shirt.*
  Schüler 1: *It's sunny.*
  Lehrer: *A sweater.*
  Schüler 2: *It's cold.*
  …
- Spielen Sie mehrmals Track 66 vor.
- Die Schüler kreuzen in Illustration Nr. 1 die passenden Symbole an. Dann verbinden sie die Kleidungsstücke mit den richtigen Figuren.
- Sie malen die Zeichnungen aus.

Tapescript, track 66
Tom: It's raining and it's cold. Tom has a green sweater, a blue coat and red boots.
Debbie: It's sunny and it's hot. Debbie has a blue T-shirt, pink shorts and a white hat.
Mini-Jumper: It's snowing. Mini has a long scarf. It's blue, red and yellow.

Lied: *In the winter*

- Dieses Lied hat dieselbe Melodie wie „Bruder Jakob".
- Stellen Sie mithilfe von Illustration Nr. 2 *snowman* und *winter* vor.
- Spielen Sie Track 67 vor und zeigen Sie dabei durch Gesten, wie Tom Debbie zum Mitmachen auffordert (*Come and make a snowman*). Zeigen Sie auch, dass Debbie nicht möchte, weil ihr zu kalt ist.
- Die Schüler sprechen das Lied nach und singen es.
- Sie malen Illustration Nr. 2 aus.

Tapescript, track 67
In the winter,
In the winter.
Snow, snow, snow,
Snow, snow, snow.
Come and make a snowman!
Come and make a snowman!
No, no, no.
No, no, no.

Rätsel

- Die Schüler betrachten Illustration Nr. 3.
- Spielen Sie den ersten Teil von Track 68 vor (bis zu den Geräuschen). Die Schüler versuchen, den Ausdruck *It's raining cats and dogs* zu erraten. Erklären Sie ihnen, dass dieser Ausdruck bedeutet: „Es regnet in Strömen."
- Hören Sie gemeinsam Track 68 an und lassen Sie die Schüler nachsprechen.
- Die Schüler malen das Bild aus.

Tapescript, track 68
It's raining cats and dogs.
It's raining cats and dogs.

1

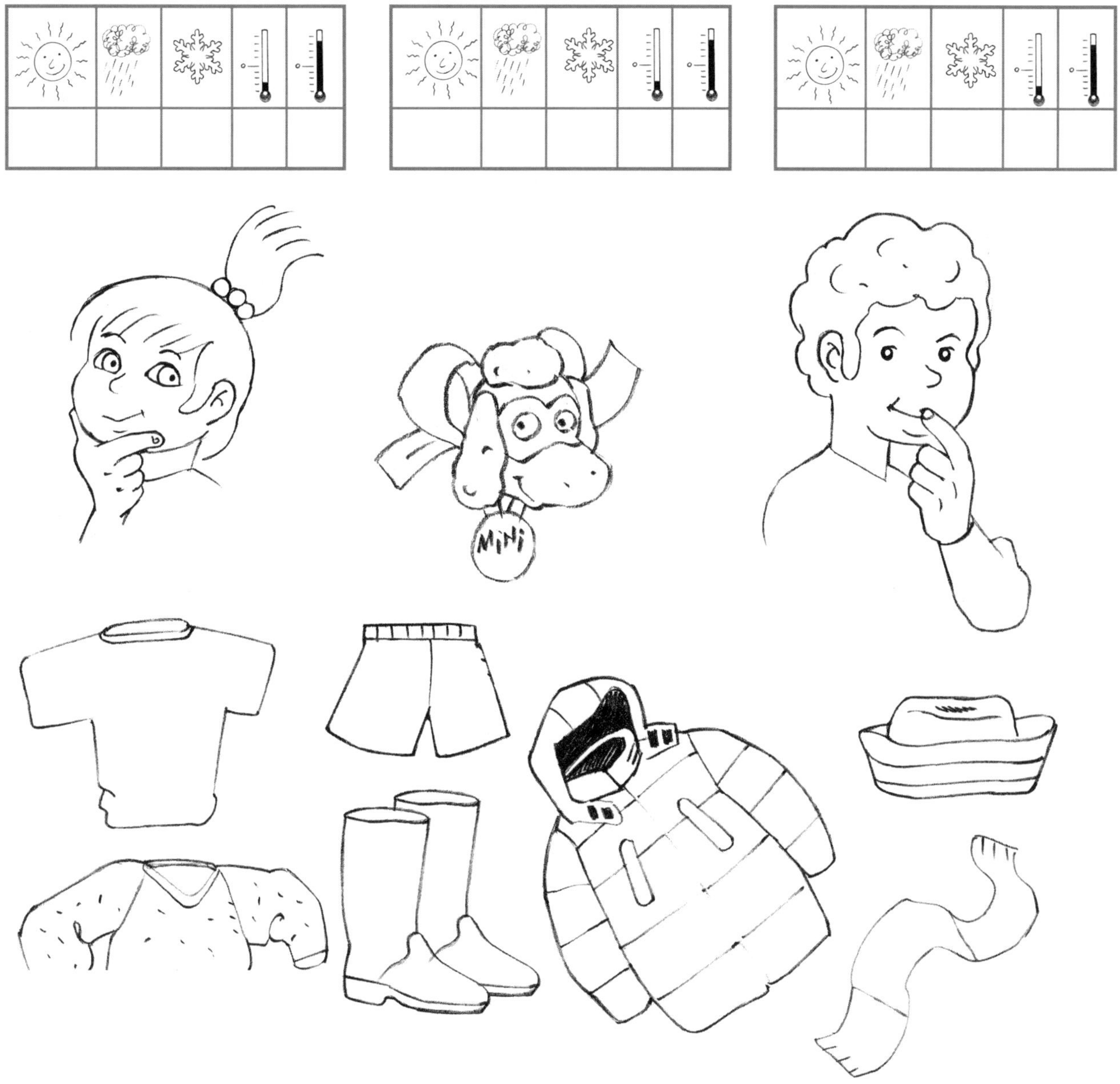

2

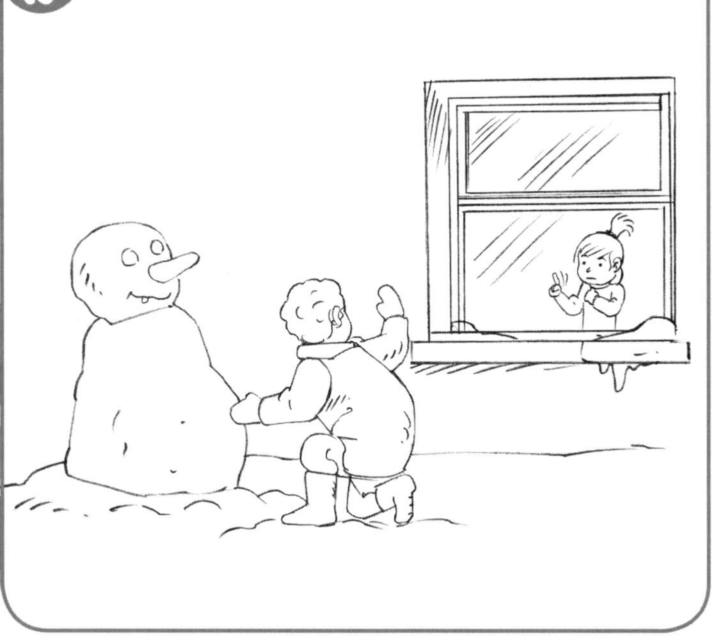

3

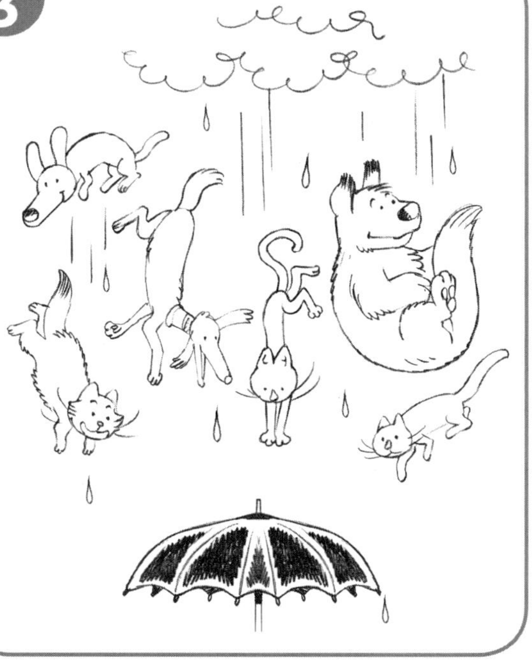

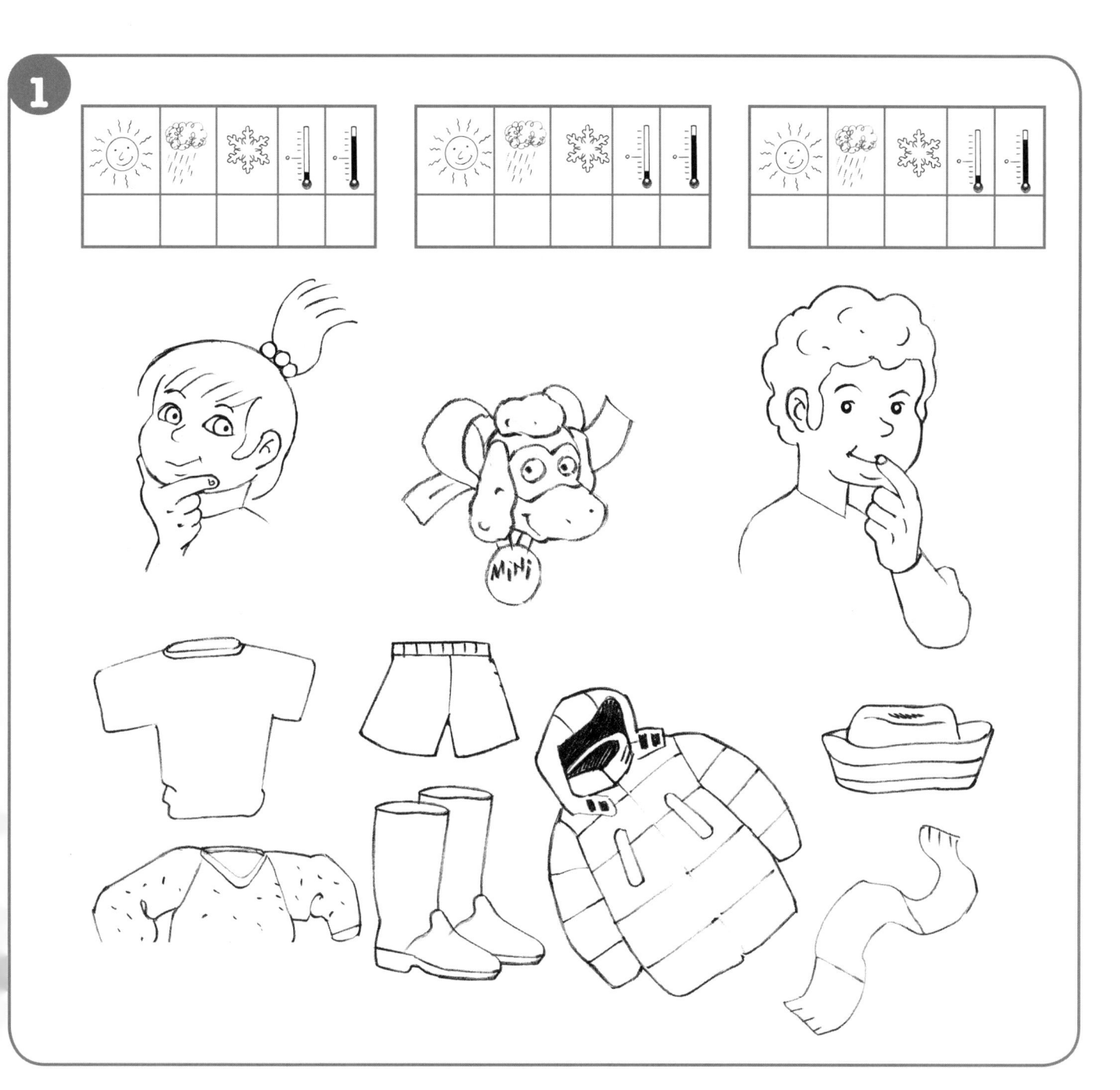

Unit 5, Lesson 4

> **LERNZIELE**
>
> **Inhalt**
> - Vorlieben ausdrücken, den bereits bekannten Wortschatz aktivieren (Tiere, Kleidung ...)
>
> **Wortschatz**
> - *day*
> - *What's your favourite ...? My favourite ... is ...*
>
> **Phonologie**
> - der Laut [ʃ] (*she, shell, shore* ...)

Der Wortschatz

- Stellen Sie den neuen Wortschatz vor, indem Sie mit farbiger Kreide an die Tafel malen (oder bunte Karten aufhängen). Fordern Sie die Schüler auf, sich gegenseitig zu den Farben zu befragen *(What colour is it?)*.
- Sagen Sie: *My favourite colour is blue. What's your favourite colour?* Lassen Sie die Sätze mehrmals nachsprechen. Achten Sie besonders auf die Intonation im Fragesatz und die richtige Aussprache von *favourite*.
- Die Schüler befragen sich gegenseitig. Die Antwort kann lauten: *My favourite colour is ...* oder *It's ...* oder einfach: *Blue*.
- Spielen Sie ein erstes Mal Track 69 vor. Dabei an passender Stelle Bilder an die Tafel hängen oder malen, die den Antworten auf die Fragen entsprechen (Gelb, Weihnachtsbaum, die Zahl 5, Mini).
- Erarbeiten Sie die Bedeutung der Fragen in der Klasse. Lassen Sie dann die Schüler in kleinen Gruppen oder zu zweit fragen und antworten.
- Weisen Sie darauf hin, dass die Antwort zu *What's your favourite animal?* lautet: *My favourite animal is a.../It's a.../A ...*
- Die Schüler betrachten Illustration Nr. 1 und malen die beiden Farbflecken blau und gelb aus. Spielen Sie nochmals Track 69 vor mit der Anweisung: *Listen and point*. Dann malen die Schüler die Teile der Illustration aus, die in Track 69 genannt werden (Weihnachtsbaum, die Zahl 5, Mini).

> Tapescript, track 69
> *What's your favourite colour?*
> *My favourite colour is yellow.*
> *What's your favourite day?*
> *Christmas day. It's Christmas day!*
> *What's your favourite number?*
> *It's five!*
> *What's your favourite animal? It's a sheep.*
> *A sheep?*
> *Yes, it's Mini!*

Partnerarbeit

- zu Illustration Nr. 2: Die Schüler malen ihr Lieblingstier, ihre Lieblingsfarbe und ihre Lieblingszahl in die Herzchen. Dann befragen sie sich gegenseitig: *What's your favourite ...?*

Rätsel

- Die Schüler schreiben ihr Lieblingstier, ihre Lieblingsfarbe und ihre Lieblingszahl (oder die eines Mitschülers) auf einen Zettel. Die Zettel werden in einer Schachtel gesammelt. Jeder zieht einen Zettel und „liest" laut vor. Welcher Schüler erkennt seine Kombination wieder?

Gedicht

- Vergrößern Sie Illustration Nr. 3 und hängen Sie sie an die Tafel. Die Schüler betrachten das Bild und hören dazu das Gedicht (Track 70). Übersetzung: Blau ist das Meer, grün ist das Gras, weiß sind die Wolken, ziehen langsam vorbei. Schwarz sind die Krähen, die Bäume sind braun, rot sind die Segel eines Schiffes im Wind.
- Lassen Sie die Schüler das Gedicht Satz für Satz nachsprechen und zeigen Sie dabei auf das Bild an der Tafel.
- Die Schüler kommen nach vorn und zeigen: *the sea, the grass, ...*
- Die Schüler malen das Bild auf ihrer Kopie aus und wiederholen das Gedicht, erst Satz für Satz, dann ganz.
- Stellen Sie die einzelnen Sätze des Gedichts pantomimisch dar, damit die Schüler sie sich besser merken können. Sie können auch zu jedem Satz ein passendes Symbol an die Tafel malen (blaue Farbfläche, grüne Striche, Wolken, Vogel, Baum, Schiff mit roten Segeln).

> Tapescript, track 70
> *Blue is the sea,*
> *Green is the grass,*
> *White are the clouds*
> *As they slowly pass.*
> *Black are the crows,*
> *Brown are the trees,*
> *Red are the sails*
> *Of a ship in the breeze.*

1

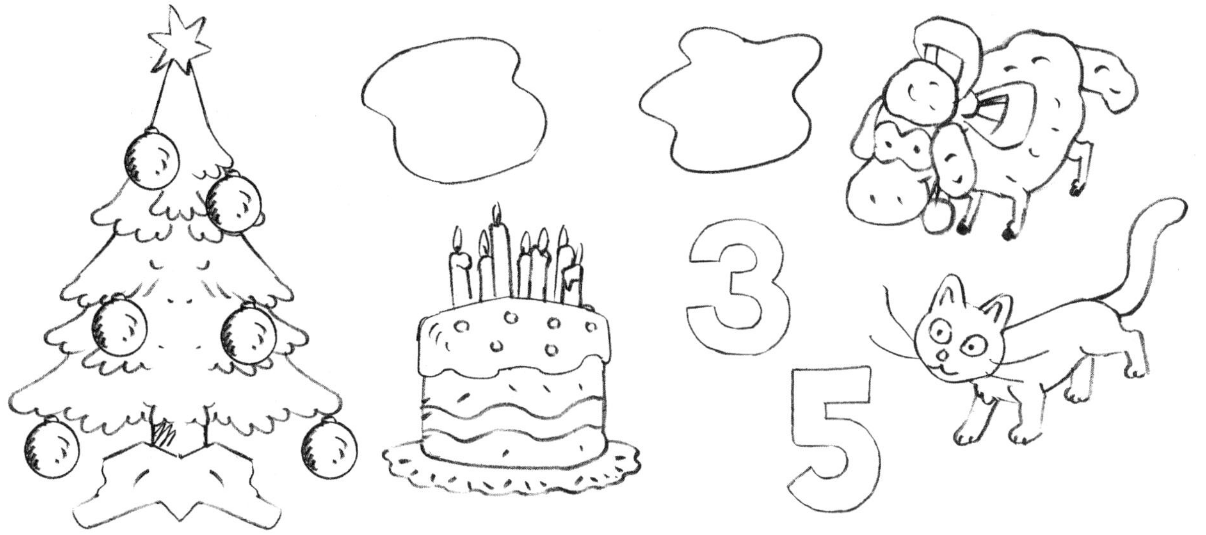

2

3

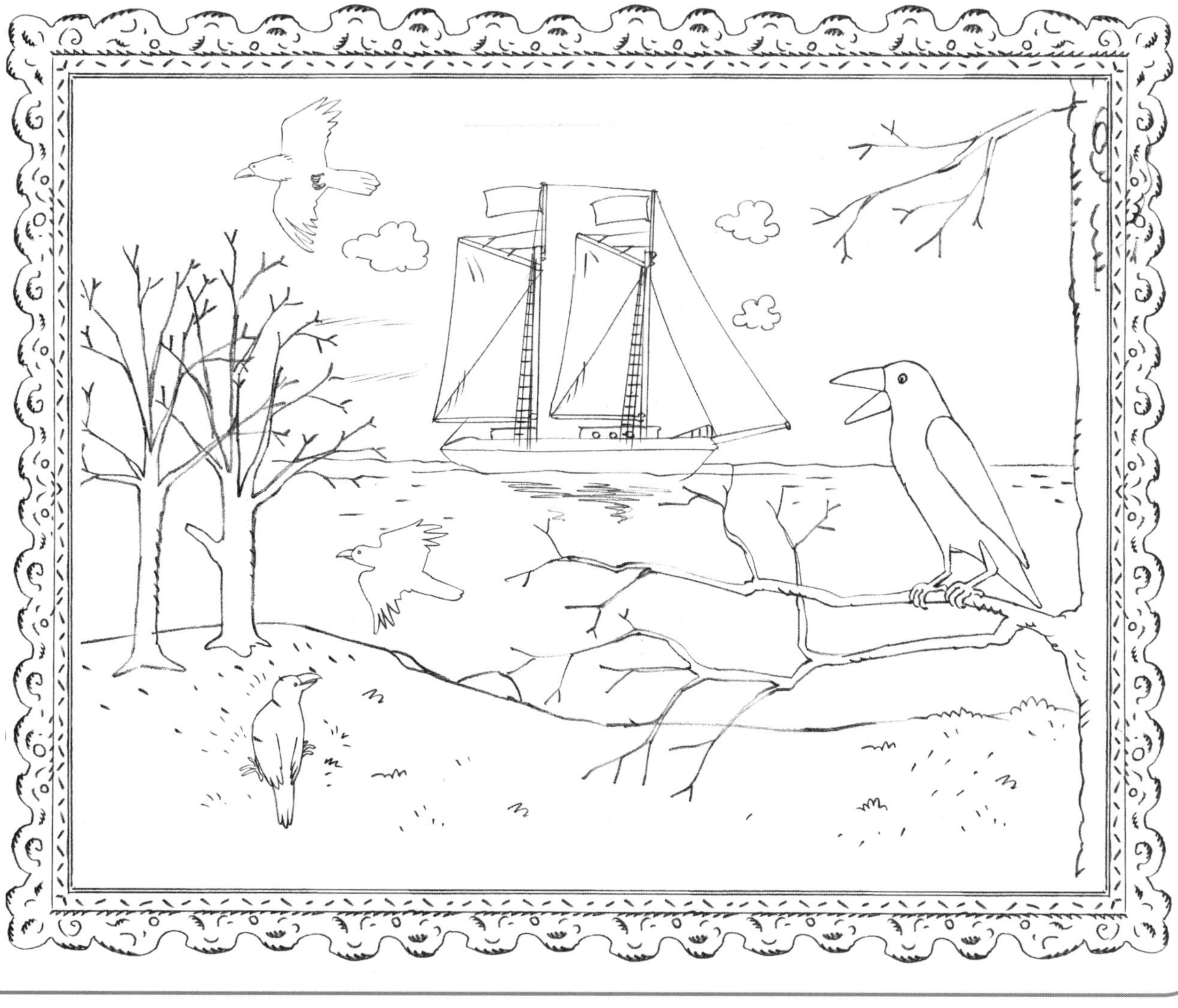

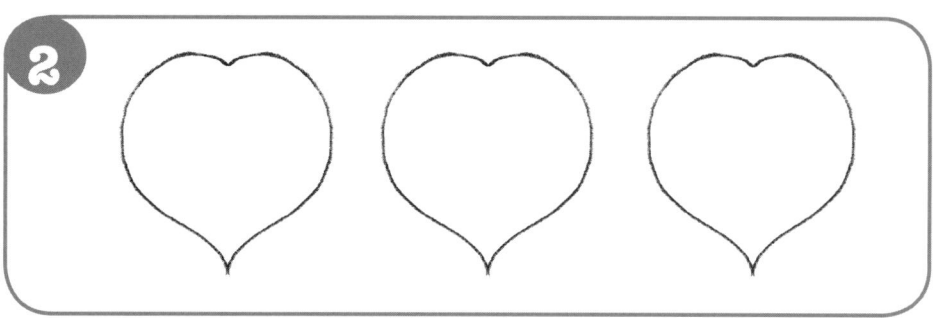

Unit 5, Lesson 5

LERNZIELE

Inhalt
- Wiederholung des bisher Gelernten

Wortschatz
- Wiederholung des erlernten Wortschatzes

Phonologie
- Wiederholung der erlernten Laute

What is it?

- zu Illustration Nr. 1: Die Schüler vervollständigen die Zeichnungen und befragen ihren Nachbarn (*What is it? – A dress, a hat …*).
- Fragen Sie die Schüler, ob sie sich erinnern, welche Kleidungsstücke Tom und Debbie in *Unit 5, Lesson 2* getragen haben. Welche Farben hatten sie? Die Schüler arbeiten jeweils zu zweit. Wer sich nicht erinnert, fragt seinen Partner:
  A: *A pink hat?*
  B: *No, a green hat.*
  A: *A blue skirt?*
  B: *No, a pink and red skirt.*
  …
- Zum Überprüfen hören die Schüler Track 71. Dann malen Sie Illustration Nr. 1 aus (*jumper*: Pullover).

> Tapescript, track 71
> *a green hat*
> *a purple T-shirt*
> *a pink and red skirt*
> *a black jumper*
> *red shorts*

Suche den gleichen Laut

- zu Illustration Nr. 2: Die Schüler hören Track 72 und kreuzen die Kästchen an, bei denen der gleiche Vokallaut zu hören ist (unabhängig von der Rechtschreibung). Es sind drei pro Serie: 1. (der Laut [e]) *bed, ten, dress*; 2. (der Laut [æ]) *hand, cat, hat*; 3. (der Laut [ai]) *eye, nine, crocodile*.

> Tapescript, track 72
> *One: bed, cat, ten, bird, dress*
> *Two: hair, hand, cat, ear, hat*
> *Three: eye, nine, Mini, crocodile, three*

Tongue-twister

- Die Schüler hören Track 73 und sprechen immer schneller nach. Achten Sie auf das „s" am Ende von *crisps*: Lassen Sie die Schüler erst „psss" sprechen, dann „crispsss".
- Illustration Nr. 3 ausmalen.

> Tapescript, track 73
> *Cooks cook cakes and crunchy crackly crisps.*
> *Cooks cook cakes and crunchy crackly crisps.*
> *Cooks cook cakes and crunchy crackly crisps.*

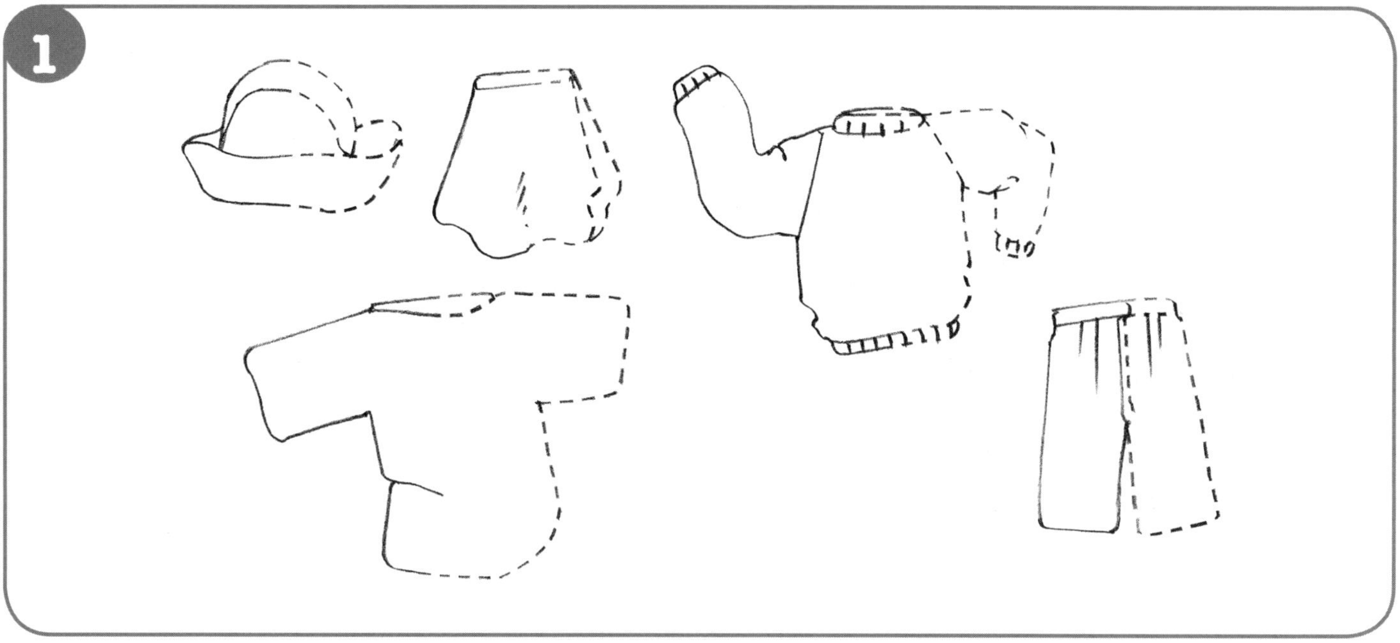
1

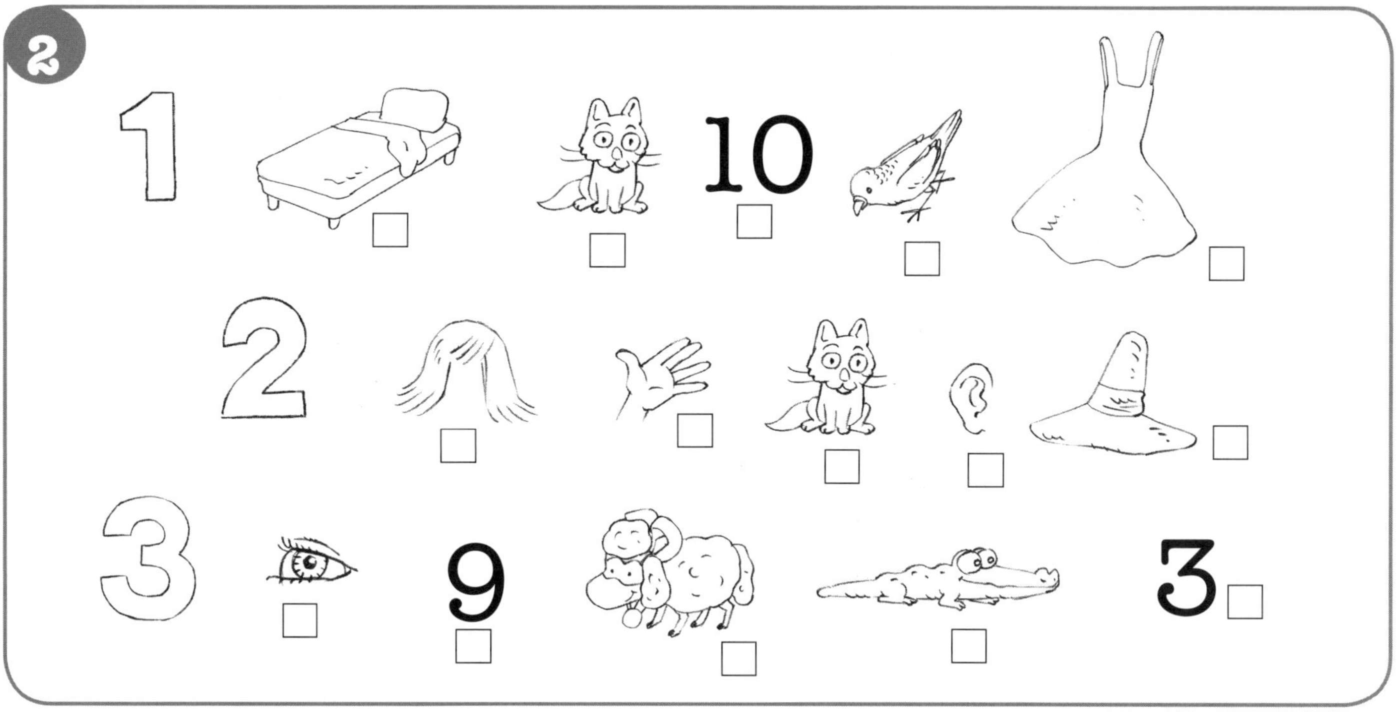
2
1
10
2
3
9
3

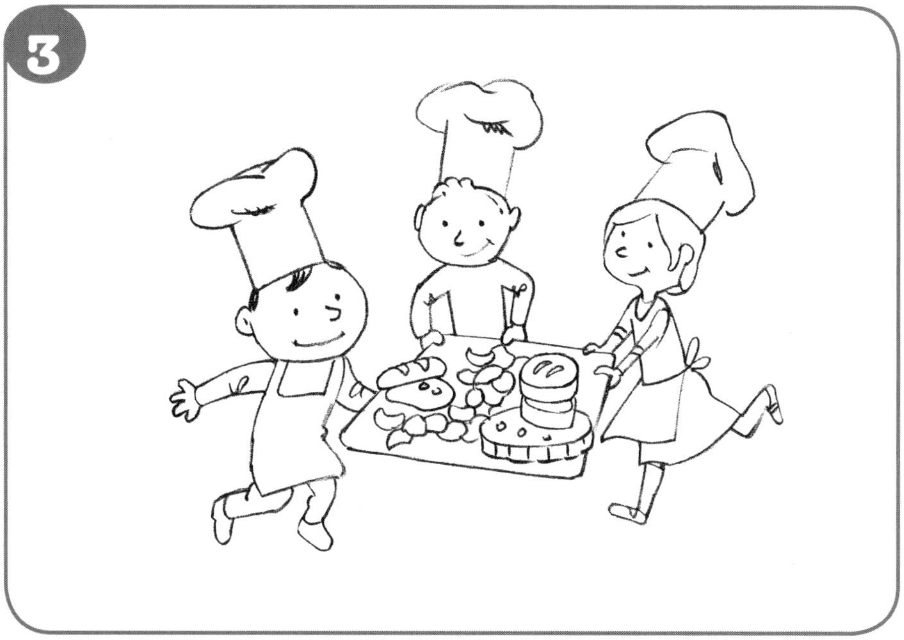
3

Unit 6, Lesson 1

> **LERNZIELE**
>
> **Inhalt**
> * Geburtstag feiern
>
> **Wortschatz**
> * *How old are you?*
> * *Thank you.*
> * *blow, birthday, card, cake, present, candle, balloon*
>
> **Phonologie**
> * Die Laute [h] und [θ]

Wie wir Geburtstage feiern

* Sprechen Sie über die deutschen Geburtstagsbräuche und fragen Sie die Schüler auf Deutsch nach Dekoration, Essen, Kuchen, Kerzen, Wünschen etc.
* Die angelsächsische Tradition ist ähnlich, doch es gibt andere Kuchen. Man schreibt dem Kind Geburtstagskarten, die es in seinem Zimmer aufhängt. Viele Kinder feiern zu Hause ein kleines Fest mit Freunden *(a birthday party)*.
* Führen Sie den Wunsch *Happy Birthday!* ein.

How old are you?

* Jeder Schüler schneidet ein Viereck oder einen Kreis aus Karton aus und befestigt das Zeichen an seinem Pullover/T-Shirt. Alle zählen gemeinsam von 1 bis 10.
* Nehmen Sie den Geburtstag eines Schülers zum Anlass, um ihm zusammen mit der Klasse alles Gute zu wünschen: *Happy birthday!* Die Antwort: *Thank you.*
* zu Illustration Nr. 2: Zeigen Sie auf den Kuchen und fragen Sie: *How old are you, X?* Zählen Sie die Kerzen. Hören Sie bei der richtigen Zahl auf (dem Alter des Schülers). Dann sagen Sie z.B.: *Peter is seven! Happy birthday, Peter!* Schreiben Sie eine 7 auf sein Pappschild.
* Fragen Sie einen weiteren Schüler nach seinem Alter. Lassen Sie die Frage *How old are you?* nachsprechen. Der Schüler antwortet z.B.: *Seven* oder *I'm seven.* Lassen Sie die Schüler nun dasselbe in Partnerarbeit machen.
* Achten Sie auf die richtige Aussprache von *How old* [haʊwəʊld].
* Die Schüler betrachten Illustration Nr. 1 und ziehen die gestrichelten Linien nach. Dann hören Sie Track 74 und tragen die richtigen Zahlen in die Kreise ein.
* Überprüfen Sie gemeinsam die Antworten mithilfe der CD. Danach befragen sich die Schüler gegenseitig.

> Tapescript, track 74
> *Crocodile, how old are you? Nine.*
> *Monkey, how old are you? Three.*
> *Cat, how old are you? Seven.*
> *Dog, how old are you? Two.*

Spiel

* Ein Schüler fragt einen anderen: *How old are you?* Der andere antwortet mit den Fingern. Der Schüler, der gefragt hat, nennt die Zahl. Dann werden die Rollen getauscht. Die Schüler können jeweils das Alter anzeigen, das sie möchten.

Neue Wörter entdecken

* Führen Sie mithilfe von echten Gegenständen, Tafelbildern und/oder Illustration Nr. 2 folgende Wörter ein: *(birthday) card, (birthday) cake, (birthday) present, candle, balloon.*
* Arbeiten Sie an der Aussprache der Wörter mit dem Laut [θ]: *birthday, thank you, three ...*
* Führen Sie *blow* ein, indem Sie eine echte Kerze anzünden und sagen: *1, 2, 3, blow!*
* Bringen Sie ein eingepacktes Geschenk mit und reichen Sie es in der Klasse herum. Die Schüler sollen erraten, was es enthält. *(Guess! What is it?)*
* Ein kleines Rollenspiel vorbereiten und vorspielen:
  A: (bekommt ein Geschenk) *Ooh! A present!*
  B: *Yes. Happy birthday!*
  A: *Thank you. What is it?*
  B: *Guess!*
  A: (öffnet das Päckchen) *A rocket! Thank you!*

Eine Geburtstagskarte mit Puzzlespiel basteln

* Erklären Sie den Schülern, dass sie eine Geburtstagskarte mit einem Puzzlespiel basteln und an einen Freund oder eine Freundin verschicken werden.
* Die Schüler malen Illustration Nr. 2 aus. Beim Anmalen der Kerzen bitte beachten: Die Zahl der farbigen Kerzen soll dem Alter des Adressaten entsprechen. Dann schneiden die Schüler die Zeichnung entlang den gestrichelten Linien in mehrere Teile.
* Alle falten ein DIN-A4-Blatt aus festem Papier in der Mitte. Je nach dem Alter der Schüler können sie *Happy Birthday* hineinschreiben und ihre Unterschrift hinzufügen. Dann legen sie die Puzzleteile in die Karte, stecken sie in einen Briefumschlag und schreiben den Namen des Empfängers darauf. Dieser legt das Bild zusammen und klebt das Puzzle auf die Vorderseite der Karte.

Lied: *Happy birthday!*

* Die Schüler lernen den Liedtext auswendig, um Tom zum Geburtstag zu gratulieren.

> Tapescript, track 75
> *Happy birthday to you!*
> *Happy birthday to you!*
> *Happy birthday dear Tom!*
> *Happy birthday to you!*

1

2

HAPPY BiRTHDAY

Unit 6, Lesson 2

LERNZIELE

Inhalt
- Weihnachten feiern

Wortschatz
- *Merry Christmas!*
- *Christmas pudding, Father Christmas, Christmas tree, star*

Wie wir Weihnachten feiern

- Die Schüler sprechen (auf Deutsch) über Weihnachten, wie es in der Familie gefeiert wird, welche Bräuche sie kennen (Dekoration, Essen, Geschenke, Wünsche …), was in ihrer Stadt an Weihnachten zu sehen ist, etc.
- Erklären Sie den Schülern, wie in Großbritannien gefeiert wird – Gemeinsamkeiten und Unterschiede zu deutschen Bräuchen. Die Briten schreiben einander viele Weihnachtskarten und hängen oder stellen sie gut sichtbar im Haus auf. Man isst Truthahn und als Nachtisch den traditionellen *Christmas pudding*, der die Form einer Halbkugel hat und Trockenfrüchte und Gewürze enthält. Manchmal findet man eine Münze darin. Dem glücklichen Finder wird nachgesagt, dass es ihm im kommenden Jahr nicht an Geld mangeln wird.

Der Weihnachtsbaum

- Führen Sie mithilfe der Illustrationen Nr. 1 und 2 *Christmas tree, star* und *Christmas present* ein. Die Schüler hören Track 76 und vervollständigen dabei den Weihnachtsbaum, indem sie die dort genannten Zahlen verbinden.
- Sie schneiden Illustration Nr. 1 entlang der gestrichelten Linie aus, kleben das Bild auf eine Karte und malen es an. In die Karte können sie *Merry Christmas* schreiben.

> Tapescript, track 76
> Six, three, nine, one, ten, eight, two, seven, four, five.

Fingerspiel

- Dieses Spiel ist für die Jüngsten gedacht. Zu jeder Zeile des Reims (Track 77) gibt es eine passende Bewegung:
Here is the chimney (Hier der Kamin): die Faust schließen, den Daumen nach innen gelegt.
Here is the top (hier sein Dach): die Faust mit der flachen Hand abdecken.
Open the lid (öffne den Deckel): die Hand wegziehen.
Out Santa will pop! (der Weihnachtsmann kommt heraus): den Daumen plötzlich aufrichten.
Man kann den Daumen mit rotem Papier und etwas Watte verzieren und als Weihnachtsmann „verkleiden".

> Tapescript, track 77
> *Here is the chimney,*
> *Here is the top,*
> *Open the lid,*
> *Out Santa will pop!*

Wortschatz

- Die Schüler betrachten Illustration Nr. 2 und sprechen über die Geschenke auf dem Schlitten. (*How many triangles? How many squares? How many presents? …*)
- Fotokopieren Sie die Bilder von Seite 62 unten, schneiden Sie sie aus und zeigen Sie sie den Schülern. Spielen Sie Track 78 vor. Beim Hören erkennen die Schüler die genannten Gegenstände wieder. Geben Sie ihnen das jeweilige Bild, wenn sie den Gegenstand erkannt haben. Sie kleben die Bilder in die entsprechenden Kästchen mit den Nummern 1 bis 5 und malen sie aus.

> Tapescript, track 78
> *One: a Christmas tree*
> *Two: a star*
> *Three: a Christmas pudding*
> *Four: a Christmas present*
> *Five: Father Christmas*

Lied: *Jingle Bells*

- Die Schüler lernen das Lied und malen Illustration Nr. 2 an.

> Tapescript, track 79
> *Jingle bells, jingle bells*
> *Jingle all the way.*
> *I sing Merry Christmas*
> *To you on Christmas Day. Oh!*
> *Jingle bells, jingle bells*
> *Jingle all the way.*
> *I sing Merry Christmas*
> *To you on Christmas Day.*

1

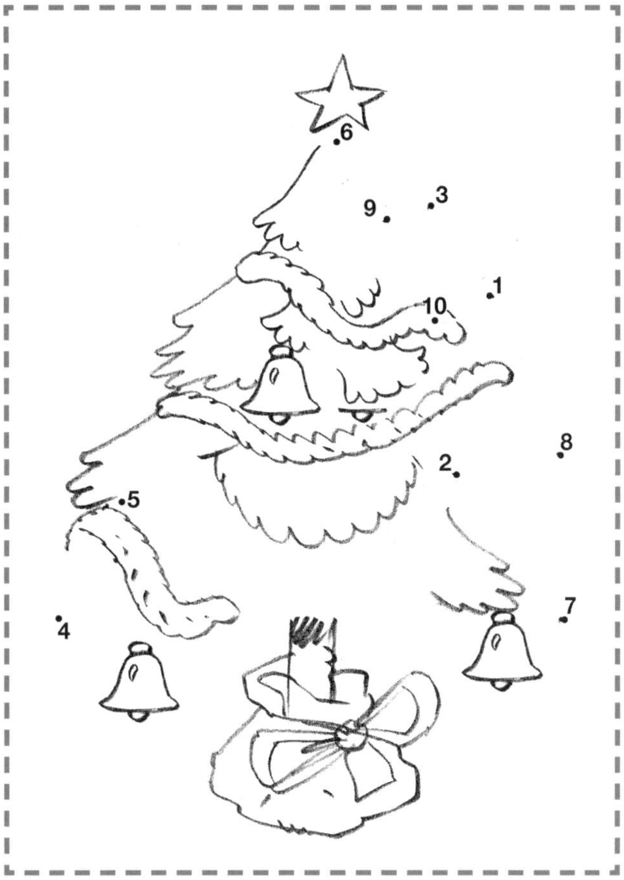

2

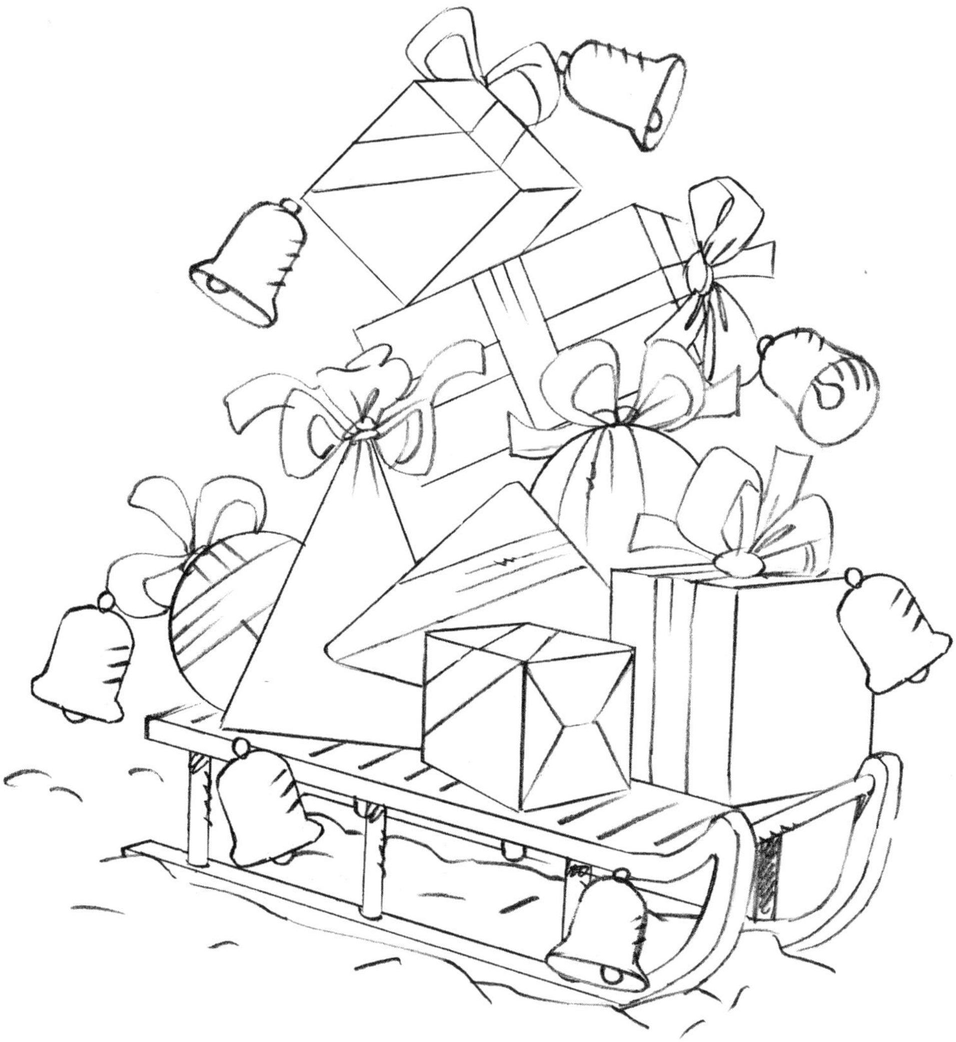

1

2

3

4

5

Unit 6, Lesson 3

> **LERNZIELE**
>
> **Inhalt**
> - Valentinstag, Muttertag, Vatertag
>
> **Wortschatz**
> - *Valentine's Day, Mother's Day, Father's Day*
> - *heart, flower, ribbon*

Wie wir den Valentinstag feiern

- Bitten Sie die Schüler zu erklären, wie man den Valentinstag in Deutschland feiert (das Fest der Liebenden). Erklären Sie dann, dass man in Großbritannien und in den USA am Valentinstag an alle Menschen denkt, die man liebt (Eltern, Großeltern, Geschwister, Freunde …). Man zeigt es ihnen, indem man ihnen eine Karte schickt.
- Basteln Sie mit den Schülern 2 Wochen vor dem Valentinstag eine mit Herzen verzierte Schachtel. Jeder wirft ein Briefchen oder eine Karte mit ein paar lieben Worten für seinen besten Freund oder seine beste Freundin hinein. Am 14. Februar wird die Schachtel geöffnet, und die Briefchen werden verteilt. (Vergewissern Sie sich vorher, dass niemand vergessen wurde.)
- Der Valentinstag ist auch eine Gelegenheit, ein Gedicht oder ein Lied zu lernen. Ebenso der Muttertag und der Vatertag.

Quartettspiel

- zu Illustration Nr. 1: Führen Sie die vier Motive ein: *a rabbit, a heart, a ribbon, a flower*. Jedes Motiv wird mit 4 verschiedenen Farben ausgemalt (blau, grün, gelb, rot). Es gibt also einen blauen Hasen, einen grünen, einen gelben und einen roten. Das Gleiche gilt für die Herzen, Bänder und Blumen. Die Schüler schneiden die Kärtchen aus und mischen sie. Jeder sucht sich einen Partner. Die Karten werden untereinander aufgeteilt.
- Wie bei einem Quartett muss jeder Mitspieler vier zusammengehörige Karten sammeln: entweder eine Serie aus vier Farben (alle mit demselben Motiv) oder aus einer Farbe (mit vier verschiedenen Motiven).
- Die Schüler sagen: *a yellow flower, please; a blue ribbon, please; a green rabbit, please*, etc.

Gedicht und Karte für den Valentinstag

- Die Schüler betrachten das Bild (Nr. 2) und hören Track 80 an. Lassen Sie die Bedeutung von *sugar is sweet* erraten oder erklären Sie sie. (Die Süßigkeiten stehen hier für alles, was Zucker enthält, aber *sweet* bedeutet auch süß im Sinn von niedlich oder lieb.)
- Die Schüler sprechen das Gedicht und den Glückwunsch nach und lernen beides auswendig.
- Sie schneiden die einzelnen Bilder aus und kleben sie in der Reihenfolge, die das Gedicht vorgibt, auf eine Karte. Sie verzieren die Karte und malen sie an. Dann schreiben sie *Happy Valentine's Day* und den Namen des Empfängers darauf, je nach Alter auch das Gedicht von der CD.

> Tapescript, track 80
> *Roses are red*
> *Violets are blue*
> *Sugar is sweet*
> *And so are you.*
> *Happy Valentine's Day!*

1

2

Unit 6, Lesson 4

> **LERNZIELE**
>
> **Inhalt**
> - abschließende Wiederholung mithilfe von Spielen
>
> **Wortschatz**
> - *right, wrong*
> - *cookie*

Flugzeug-Spiel

- Illustration Nr. 1: Die Schüler schneiden die Teile des „Flugzeugs" aus und kleben sie, den Nummern folgend, auf festes Papier.
- Sie hören Track 81 und malen das, was dort angegeben wird, in die Kästchen.
- Beim Spiel bilden die Schüler Paare und befragen sich gegenseitig:
  A: *Three?*
  B: *A green shoe.*
  A: *Right!*
  B: *Five?*
  A: *A white cat.*
  B: *Wrong!*
  ...
- Die Schüler können auch Würfel verwenden und sagen, was sie in dem Kästchen sehen, dessen Zahl sie gewürfelt haben.

> Tapescript, track 81
> *One: blue*
> *Two: a red triangle*
> *Three: a green shoe*
> *Four: a brown rabbit*
> *Five: a black cat*
> *Six: a pink heart*
> *Seven: a small yellow rocket*
> *Eight: eight candles*
> *Nine: a blue sky*
> *Ten: a cloud*

Spiele zur Wiederholung von Anweisungen/Wortschatz

- Kopieren Sie alle Illustrationen aus diesem Buch, auf denen Anweisungen dargestellt sind, kleben Sie sie einzeln auf kleine Pappkärtchen und schreiben Sie auf jedes eine Zahl zwischen 1 und 6. Die Schüler würfeln, ziehen eine Karte mit der entsprechenden Nummer und führen die Anweisung aus. Ebenso zur Wortschatz-Wiederholung: Die Schüler würfeln, ziehen eine entsprechende Karte mit einer Illustration und sagen das Wort.
- Gedächtnisspiel, das man zu zweit spielt: Man legt alle Karten, auf denen Anweisungen dargestellt sind, auf den Tisch. Ein Schüler dreht eine Karte um, nennt die Anweisung und legt die Karte verdeckt zurück. Sein Nachbar muss aus dem Gedächtnis sagen, welche Karte es war. Dann dreht er eine neue Karte um und nennt die dort abgebildete Anweisung. Und so fort ...
- Ein Schüler sagt einem anderen ein englisches Wort. Dieser malt ein passendes Bild an die Tafel.
- Bei allen Spielen kann es für eine falsche Lösung eine „Strafe" geben: ein Lied singen, einen Reim oder einen *tongue-twister* aufsagen ...

Themenspiel

- Ein Schüler nennt dreimal laut einen Oberbegriff *(colour, animal ...)*, die anderen Schüler nennen Wörter, die dazu passen. Beispiel: Ein Schüler sagt: *colour, colour, colour,* ein anderer hebt die Hand und sagt: *orange, orange, orange,* der Nächste: *green, green, green* und immer so weiter. Wenn keiner mehr ein passendes Wort weiß, wird ein neues Thema vorgeschlagen.

Mit geschlossenen Augen

- Zur Wortschatzwiederholung: Legen Sie Gegenstände in einen großen Sack oder einen Kissenbezug. Nennen Sie den Namen eines Gegenstands. Ein Schüler versucht, ihn mit verbundenen Augen so schnell wie möglich zu ertasten. Sie können ein Mannschaftsspiel daraus machen, wenn Sie zwei Säcke verwenden.

Spiel: *The cookie jar*

- Dies ist ein sehr einfaches, aber interessantes traditionelles Spiel. Beginnen Sie mit der Einführung des Sprech-Rhythmus. Alle klatschen in die Hände, langsam und rhythmisch. Dann folgt die Frage: *Who stole the cookie from the cookie jar?* (Wer hat den Keks aus der Keksdose geklaut?) Der Lehrer, eine Schülergruppe oder ein einzelner Schüler spricht den zweiten Satz: *X stole the cookie from the cookie jar.* (X hat den Keks aus der Keksdose geklaut.) X: *Who me?* (Wer ich?) Alle: *Yes, you!* (Ja, du!) X: *Not me!* (Ich nicht!) Alle: *Then who?* (Wer dann?) X: *Y stole the cookie from the cookie jar.* Und so weiter.
- Sie können die Sätze mit Gesten begleiten. Alle Schüler kommen an die Reihe. Dieses Spiel eignet sich für den Pausenhof.

> Tapescript, track 82
> *Who stole the cookie from the cookie jar?*
> *Sam stole the cookie from the cookie jar.*
> *Who me?*
> *Yes you!*
> *Not me!*
> *Then who?*
> *Kelly stole the cookie from the cookie jar.*
> *Who me? Yes, you!*
> *Not me!*
> *Then who?*

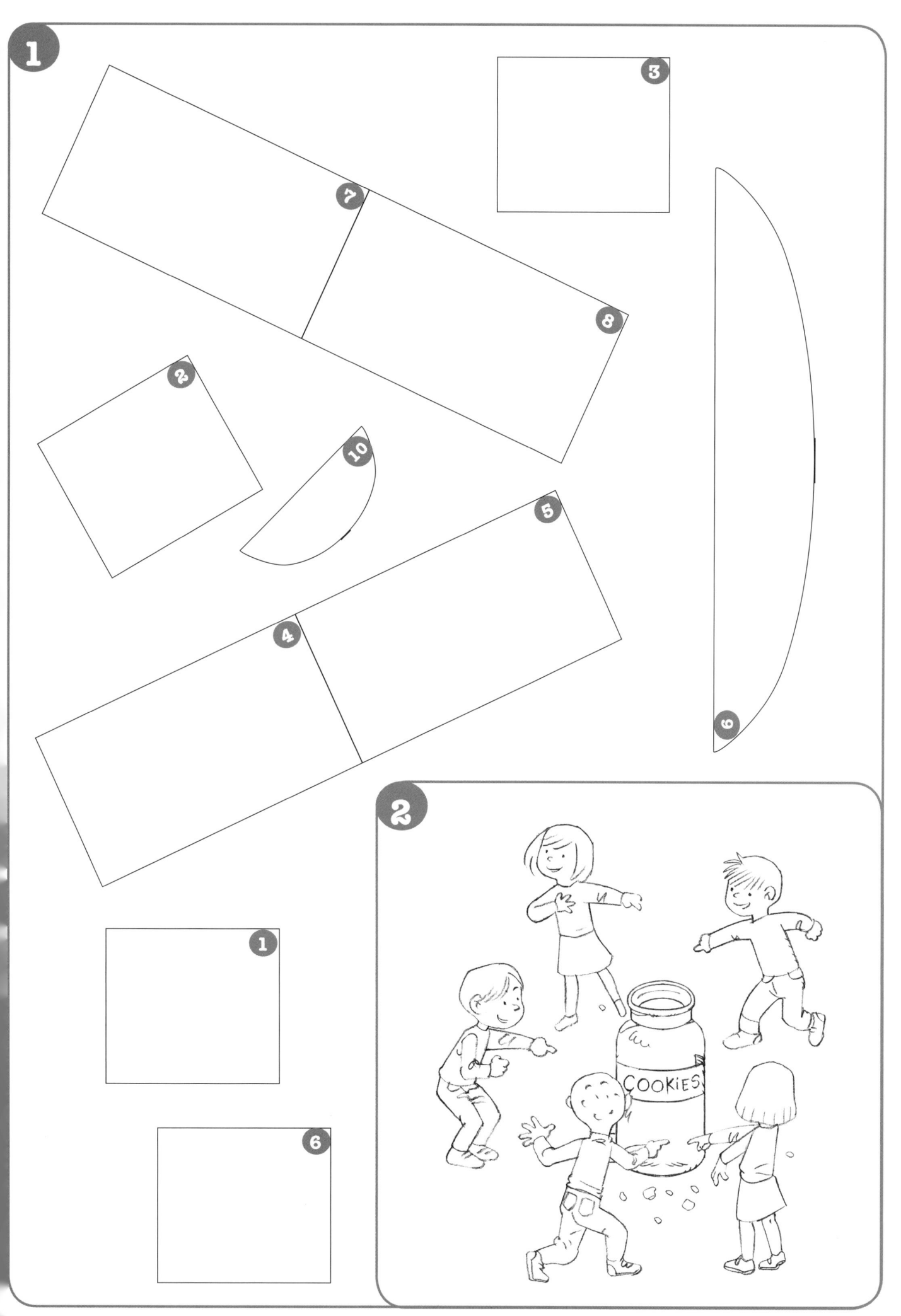

Duval-Moatti/Thompson: Englisch in Bewegung © Brigg Pädagogik Verlag GmbH, Augsburg • Best.-Nr. 652

62 Duval-Moatti/Thompson: Englisch in Bewegung © Brigg Pädagogik Verlag GmbH, Augsburg • Best.-Nr. 652

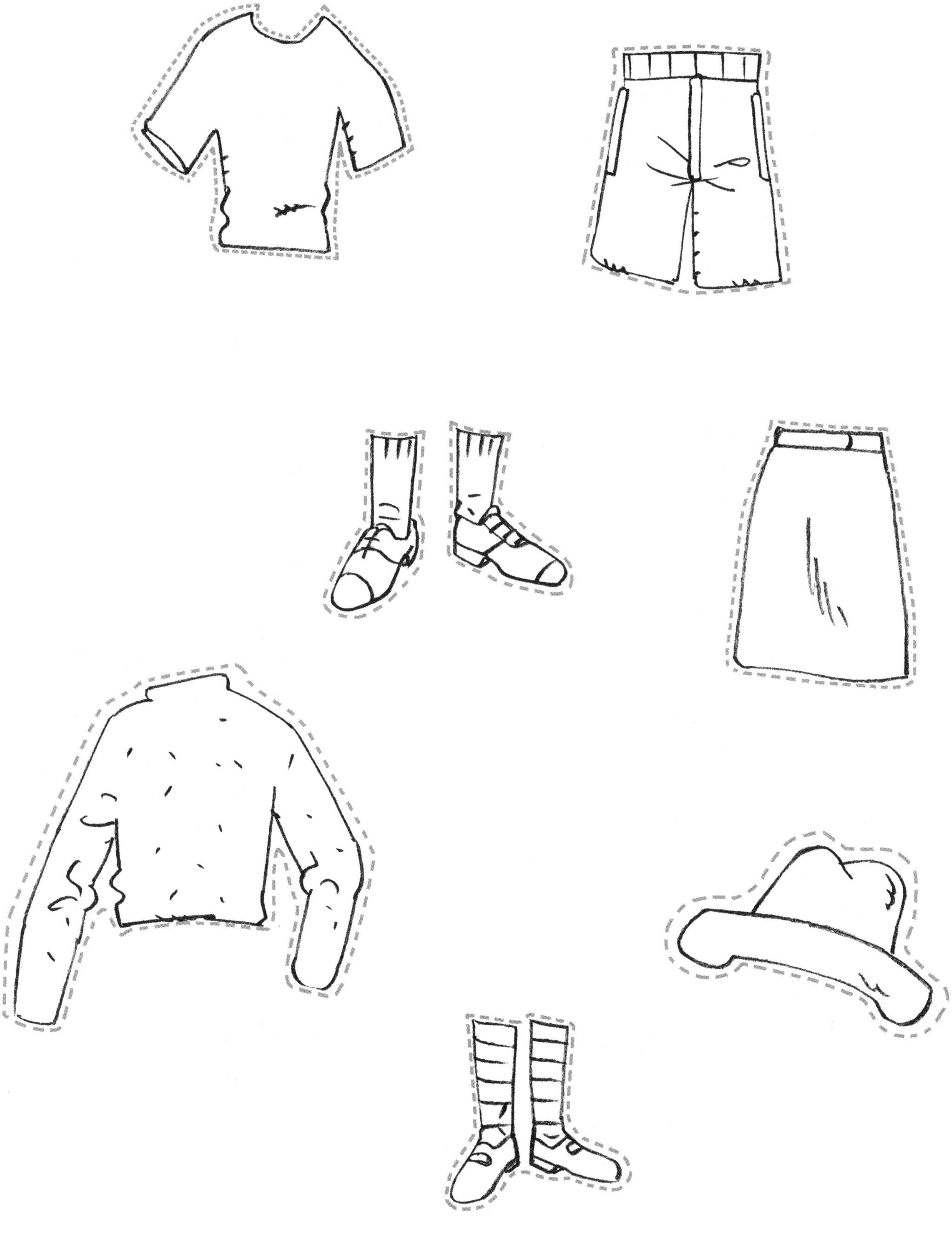

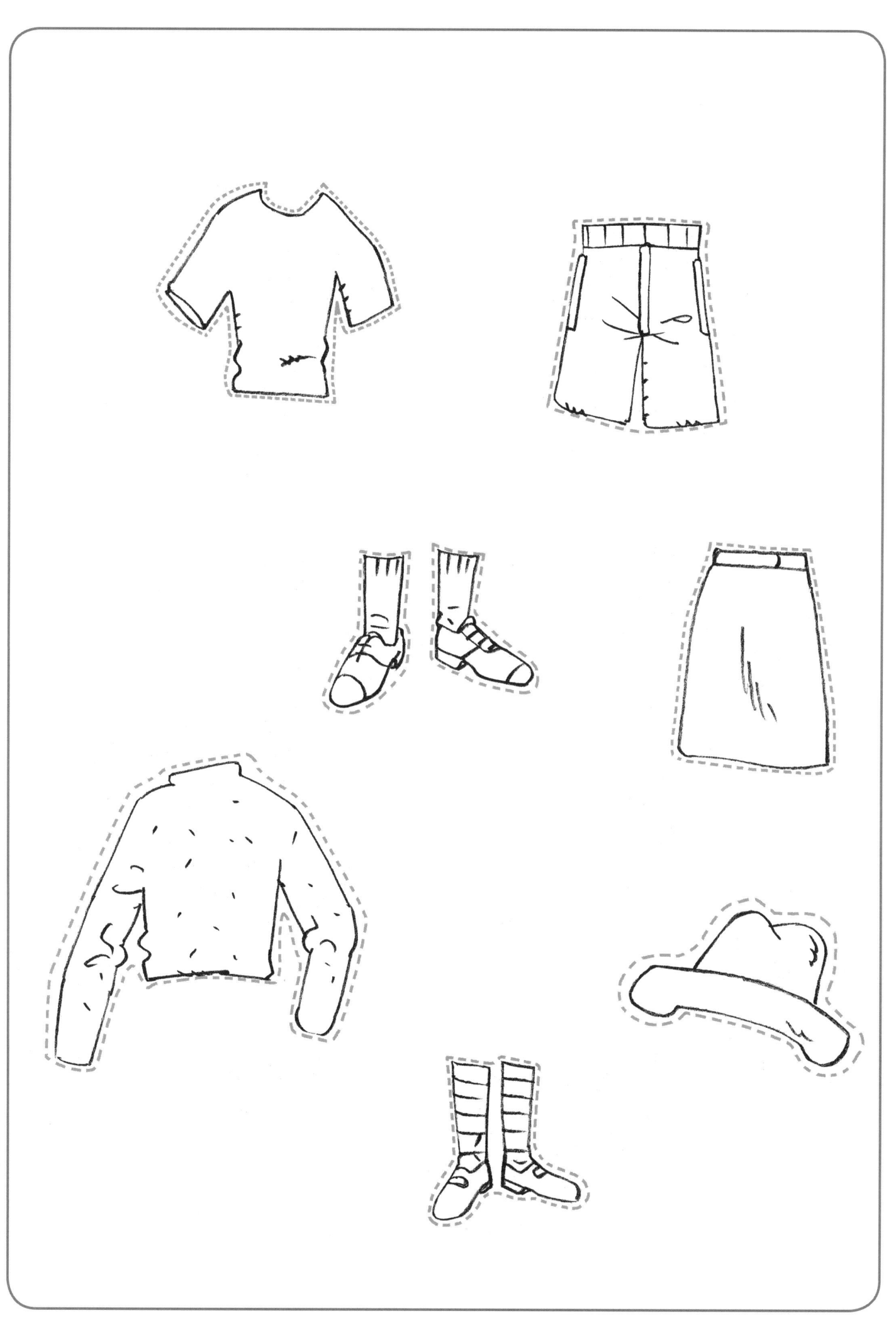

BRIGG Pädagogik VERLAG

Der neue Pädagogik-Fachverlag für Lehrer/-innen
Englisch lernen mit Vergnügen!

Michael Tschakert/Ferry Baierl

Animal Bingo

Ein spannendes Englisch-Lernspiel für den Unterricht zum Wortfeld „animals"

ab Klasse 3

Mappe mit 25 Tier-Bildkarten (DIN A5), 32 verschiedenen Bingo-Karten als Kopiervorlage, 1 Arbeitsblatt mit Lösung, DIN A4
Best.-Nr. 531

Spielerisch werden viele englische Tiernamen im Unterricht gelernt und durch die Kombination mit den Bildern gefestigt. Die Kinder lernen selbstständig und kooperativ zu arbeiten und ihr eigenes Bingo-Spiel zu entwickeln. **Optimal für Freiarbeitsprojekte**.

Ludwig Waas

The Little Angel and the Shepherd Children

Ein Hirtenspiel für die Weihnachtszeit

44 S., DIN A4, mit Kopiervorlagen
Best.-Nr. 381

Bühne frei für ein **weihnachtliches englisches Schulspiel**! Ansprechend gestaltete Szenenbilder führen neue Wörter ein und machen die Schüler/-innen neugierig auf die Geschichte. Mit deutscher Übersetzung, englischen Songs und vielen ergänzenden Arbeitsblättern!

Weitere Infos, Leseproben und Inhaltsverzeichnisse unter
www.brigg-paedagogik.de

Astrid Pfeffer

Read and write – learn to do it right

Schreiben, Lesen, Aktivitäten und Spiele

für die 3./4. Klasse

116 S., DIN A4, mit Kopiervorlagen
Best.-Nr. 397

Anhand von **zehn im Lehrplan verankerten Themenbereichen** erleben die Kinder die Fremdsprache als etwas Lebendiges und sind stolz darauf, sich korrekt in vollständigen Sätzen äußern zu können. Zahlreiche Spiele, Songs und weitere lustige Aktivitäten unterstützen die Schüler/-innen im Lernprozess. **Wunderschön gestaltete Kopiervorlagen** mit Lösungen sorgen dafür, dass die Sprache verschriftlicht wird.

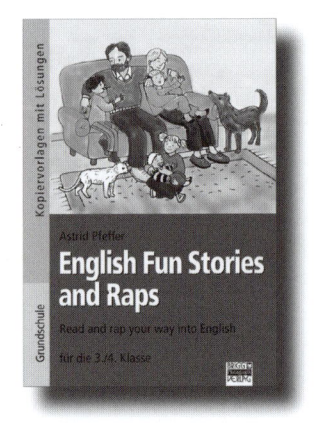

Astrid Pfeffer

English Fun Stories and Raps

Mit Audio-CD

für die 3./4. Klasse

48 S., DIN A4, Kopiervorlagen mit Lösungen
Best.-Nr. 271

Zehn Geschichten und **14 Raps**, mit denen das Englischlernen richtig Spaß macht! Die Geschichten entsprechen den Lehrplanthemen und sind in der Form eines Minibuches aufgebaut. So erhalten die Kinder nach und nach eine kleine Englisch-Bibliothek. Hervorragend geeignet zum lauten Vorlesen, Abschreiben und Nachspielen. Die Geschichten und Raps werden auf der beiliegenden **Audio-CD** mitgeliefert.

Bestellcoupon

Ja, bitte senden Sie mir/uns mit Rechnung

_____ Expl. Best.-Nr. _____
_____ Expl. Best.-Nr. _____
_____ Expl. Best.-Nr. _____
_____ Expl. Best.-Nr. _____

Meine Anschrift lautet:

_____
Name / Vorname
_____
Straße
_____
PLZ / Ort
_____
E-Mail
_____
Datum/Unterschrift   Telefon (für Rückfragen)

Bitte kopieren und einsenden/faxen an:

**Brigg Pädagogik Verlag GmbH
zu Hd. Herrn Franz-Josef Büchler
Zusamstr. 5
86165 Augsburg**

☐ Ja, bitte schicken Sie mir Ihren Gesamtkatalog zu.

Bequem bestellen per Telefon/Fax:
Tel.: 0821 / 45 54 94-17
Fax: 0821 / 45 54 94-19
Online: www.brigg-paedagogik.de